第 3 回
書誌調整連絡会議記録集

ネットワーク系電子出版物の書誌調整に向けて

− メタデータの現況と課題 −

国立国会図書館　編
日本図書館協会　発行

Bibliographic Control of Online Publications
― Current State of Metadata ―
The 3rd Conference on Bibliographic Control

第3回書誌調整連絡会議

平成14年11月25日（月）
国立国会図書館　東京本館研修室

ネットワーク系電子出版物の書誌調整に向けて　メタデータの現況と課題　：
第3回書誌調整連絡会議記録集　／　国立国会図書館編．　－　東京　：　日本
図書館協会，　2003.5.　－　　128p
；　21cm
ISBN4－8204－0308－7　C3300　￥1200E

t1.ネットワークケイ　デンシ　シュッパンブツ　ノ　ショシ　チョウセイ　ニ　ムケテ
a1.コクリツ　コッカイ　トショカン
s1.資料整理法　①014

目 次

参加者紹介 　　　　　　　　　　　　　　　　　　　　　　　3

開会挨拶　　原田　公子（国立国会図書館書誌部長）　　　　　9

発表　メタデータをめぐる問題——図書館コミュニティの対応　11
　　　永田　治樹（筑波大学・図書館情報学系・知的コミュニティ基盤研究センター）

発表　Dublin Core の最近の話題から　　　　　　　　　　　21
　　　杉本　重雄（筑波大学・図書館情報学系・知的コミュニティ基盤研究センター）

報告　国立国会図書館におけるネットワーク系電子出版物の組織化　33
　　　大幸　直子（国立国会図書館書誌部書誌調整課）

報告　国立国会図書館のインターネット資源選択的蓄積実験事業（WARP）
　　　及びデータベース・ナビゲーション・サービス（Dnavi）について　43
　　　河合　美穂（国立国会図書館関西館事業部電子図書館課）

報告　国立情報学研究所のメタデータ・データベース共同構築事業について　59
　　　杉田　茂樹（国立情報学研究所開発・事業部コンテンツ課）

質疑応答　　　　　　　　　　　　　　　　　　　　　　　　67

討議　　コーディネーター：那須　雅熙（国立国会図書館書誌部司書監）　69

付録1　国立国会図書館メタデータ記述要素　　　　　　　　91

付録2　NII メタデータ・データベース入力マニュアル 1.2 版（抜粋）　101

■参加者紹介

阿部　真弓氏（東京都立中央図書館）
　東京都立図書館では平成14（2002）年度に運営方針や体制が大きく変わり，今後の活動が注目される。2002年12月には，「東京都の図書館　横断検索サービス」と題して，インターネットに公開されている東京都内の各公共図書館の蔵書目録を横断検索できるサービスを開始した（http://metro.tokyo.opac.jp/）。

入江　伸氏（慶應義塾大学メディアセンター本部）
　ライブラリーシステム研究会運営委員として，国内の図書館システムに関する標準化に取り組んでいる（http://libsys.lib.keio.ac.jp/）。最近の関連分野の著作として以下の論文がある。
　　図書館システムの現状と課題‐‐次期業務モデルと大学図書館間の協力体制の確立構想へ向けて．『情報の科学と技術』Vol.51, No.2, 2001, p.121-126.
　　慶應義塾大はNIIメタデータ・データベース共同構築事業参加館。

尾城　孝一氏（千葉大学附属図書館）
　メタデータを活用したサブジェクトゲートウェイやレファレンス・リンキングに関して先進的な取り組みに携わり，最近の関連分野の著作として以下の論文がある。
　　サブジェクトゲートウェイの構築と運営―理工学分野の高品質なインターネットリソースの提供をめざして―．『情報の科学と技術』Vol.50, No.5, 2000, p.280-289.
　　CrossRefをめぐる動向．『カレントアウェアネス』No.274, 2002.11, p.14-16.
　　千葉大はNIIメタデータ・データベース共同構築事業参加館。今後はNIIとの間でOAIプロトコルを利用したデータ交換を行うことを計画している。

鹿島　みづき氏（愛知淑徳大学図書館）
　2000年にOCLCのCORCプロジェクトに参加した経験を持つ。最近の関連分野の著作として以下の論文がある。
　　CORCプロジェクトに参加して.『情報の科学と技術』Vol.51, No.8, 2001,
　　　p.409-417.
　　図書館パスファインダーに見る次世代図書館の可能性.『情報の科学と技術』
　　　Vol.52, No.10, 2002, p.526-537. （山口純代氏との共著）
　　愛知淑徳大はNIIメタデータ・データベース共同構築事業参加館。

杉田　茂樹氏（国立情報学研究所開発・事業部コンテンツ課）
　NIIメタデータ・データベース共同構築事業担当者。最近の関連分野の著作として以下の論文がある。
　　図書館目録とメタデータ.『情報の科学と技術』Vol.49, No.1, 1999, p.11-
　　　15.
　　目録データベースとWebコンテンツの統合的利用方式.『情報処理学会研究
　　　報告』Vol.2001, No.20, 2001, p.153-158.

杉本　重雄氏（筑波大学・図書館情報学系・知的コミュニティ基盤研究センター）
　DCMI Board of Trustees委員。Dublin Coreの国内普及に努め、最近の関連分野の著作として以下の論文がある。
　　解説　Dublin Coreについて　(1)概要.『情報管理』Vol.45, No.4, 2002,
　　　p.241-254.
　　解説　Dublin Coreについて　(2)より深い理解のために.『情報管理』
　　　Vol.45, No.5, 2002, p.321-335.
　　また、実験的に「Dublin Coreに関する情報のページ」を開設している（http://avalon.ulis.ac.jp/DublinCore/)。

永田　治樹氏（筑波大学・図書館情報学系・知的コミュニティ基盤研究センター）
　DCMI Usage Board 委員，日本図書館協会目録委員会委員長。『日本目録規則1987年版』第9章電子資料（2000年8月刊行）の改訂に携わり，最近の関連分野の著作として以下の論文がある。
　　サービス戦略としての図書館ポータル.『情報の科学と技術』Vol.51, No.9,
　　　2001, p.448-454.

林　賢紀氏（農林水産省農林水産技術会議事務局（農林水産研究情報センター））
　専門図書館協議会研修委員会委員・運営委員会インターネットワーキンググループ。「日本国内図書館 OPAC リスト」(http://ss.cc.affrc.go.jp/ric/opac/opaclist.html) の作成・提供など，ネットワーク上の情報提供に関する先進的な取り組みに携わり，最近の関連分野の著作として以下の論文がある。
　　自動成長型サーチエンジンの構築と試行.『コンピュータサイエンス』Vol.5,
　　　No.1, 1999, p.13-19.
　　図書館におけるインターネットアーカイブの構築.『ACADEMIC
　　　RESOURCE GUIDE』No.68, 2000,（オンライン），入手先<http://www.dublincore.org/workshops/dc1/report.shtml>,（参照 2003-01-07）

牟田　昌平氏（国立公文書館アジア歴史資料センター）
　インターネットを通じて誰でも利用できるデジタルアーカイブ(http://www.jacar.go.jp/index.htm) の構築および管理に携わり，最近の関連分野の著作として以下の論文がある。
　　アジア歴史資料センターについて.『アーカイブズ』No.8, 2002, p.34-44.
　　アジア歴史資料センター──本格的なデジタルアーカイブを目指して.『情報
　　　管理』Vol.45, No.7, 2002, p.477-483.

村上　泰子氏（梅花女子大学文学部）

日本図書館研究会「マルチメディアと図書館」研究グループ，国立国会図書館関西館事業部非常勤調査員。

最近の関連分野の著作として以下の論文がある。

図書館界とメタデータ：米国議会図書館の戦略を中心に．『情報の科学と技術』Vol.51, No.8, 2001, p.402-408.

電子資料と目録規則―NCR 第 9 章を対象に．『図書館界』Vol.53, No.2, 2001, p.134-141.（北克一氏との共著）

森山　光良氏（岡山県総合文化センター）

岡山県内の図書館総合目録の構築やインターネットを通じた地域情報の提供に携わり，最近の関連分野の著作として以下の論文がある。

Z39.50 と Dublin Core を用いた郷土関係電子図書館ネットワークの構築―「デジタル岡山大百科」における構想と課題．『情報処理学会研究報告』Vol.2001, No.104, 2001, p.17-32.

総合目録ネットワークの現状と課題―異館種連携による統合的な電子図書館ネットワークの実現に向けて．『図書館雑誌』Vol.96, No.3, 2002, p.167-170.

山崎　博樹氏（秋田県立図書館）

図書館総合目録の構築やインターネットによる地域情報サービス等を通じた新たな図書館サービスの提供に携わり，最近の関連分野の著作として以下の論文がある。

公共図書館における資料の電子化サービス―秋田県立図書館の事例から．『ネットワーク資料保存』. No.54, 1999, p.4-5.

ケース・スタディ　公共図書館における地域資料の電子化―秋田県社会教育施設情報化推進事業の事例紹介．『月刊 IM』Vol.40, No.2, 2001, p.12-16.

(以上五十音順)

国立国会図書館

中井　万知子（総務部企画・協力課電子情報企画室長）
北山　千代（収集部副部長）
原田　公子（書誌部長）
那須　雅熈（書誌部司書監）コーディネーター
安嶋　和代（書誌部書誌調整課長）総合司会
大幸　直子（書誌部書誌調整課）報告者
河合　美穂（関西館事業部電子図書館課）報告者

　ネットワーク系電子出版物に関する館内の取り組みは，以下のような分担で行っている。
　収集方針については、収集部が策定することになっており、収集部が事務局である納本制度審議会で、ネットワーク系電子出版物を納本制度の対象に含めるかどうかについて現在審議中である。
　収集から利用・提供・保存に関する全体的な計画については、電子図書館計画の策定を行う総務部企画・協力課電子情報企画室が担当し、全館的な調整を行っている。
　書誌部書誌調整課では，書誌情報に関する事項やメタデータの内容の標準化を担当する。
　関西館事業部電子図書館課では電子図書館事業を担当し、近代デジタルライブラリー（http://kindai.ndl.go.jp/），WARP（http://warp.ndl.go.jp/），Dnavi（http://dnavi.ndl.go.jp/）等の事業において実際にメタデータを作成している。

（以上所属は会議開催当時、文中 URL は 2003 年 3 月 7 日現在）

■開会挨拶

原田　公子（国立国会図書館書誌部長）

　本日は第3回の書誌調整連絡会議にご出席いただき，まことにありがとうございます。遠路ご参加いただいた方を含め12名の参加者をお迎えしております。

　この「書誌調整連絡会議」は書誌調整（書誌コントロール）に関する当館と外部との連絡会議として設けた場で，書誌データの作成及び提供，標準化，その他書誌調整に関する事項について関係の方々や機関と意見や情報を交換し，必要ならば協議を行っていくものです。

　当館は国内の出版物を収集して全国書誌を作成し，国会，行政・司法各部門，そして一般国民へのサービスを行っています。情報の発生・流通・利用の環境が劇的に変化し，なお変化しつつある中で，書誌調整の分野も常に新しい課題への挑戦と解決が必要になっています。課題への取り組みでは，特に①よりよいサービスをユーザに提供しようというユーザからの視点と，②関係する機関，研究者との理解・協力・協同が重要と考えています。

　このような趣旨で平成12年度から年1回会議を開催しています。1回目は「電子情報時代の全国書誌サービス」，昨年，第2回は「書誌コントロールの課題」をテーマとして開催しました。

　今年2002年は，当館では国際子ども図書館，関西館をオープンし，長年をかけた事業が形になりました。引き続き東京，関西，子ども図書館の3館全体で新しいサービスの構築を進めております。目録作成の関係では，組織内のことになりますが，4月に書誌調整機能の拡充のため書誌調整課が発足いたしました。今回は，書誌調整課ができて初めてのこの会議で，「メタデータ」をとりあげました。

　ウェブ上の情報資源，デジタル情報，インターネット上の情報資源，テーマの中では「ネットワーク系電子出版物」と当館の用語をつかっていますが，これを社会的な資源として利用するときには，組織化，具体的にいえばメタデー

タが一つの焦点になります。

　図書館あるいは専門家は，情報の蓄積や組織化の経験を積み重ねてきましたが，ネットワーク上の情報について，紙資料の目録作成提供と同じ手法だけで，あるいはその延長だけで対処しきれないのは明らかです。

　そのような新しい状況で新しい試みや研究が行われているのですが，その経験や知識を関係する機関や研究者の方々と共有することが，サービスを作り上げていく上でまた次のステップへの大きな力になります。

　当館では電子図書館の構築全般についての外部の方々との連絡・協力ということで，「電子図書館全国連絡会議」を設けており，平成11年度，12年度にメタデータについて議論しております。本年は書誌調整の観点から，この書誌調整連絡会議で取り上げることにいたしました。

　国立情報学研究所で，メタデータ・データベース共同構築事業がはじまったとのことです。ご出席の皆様は携わっている場所の相違はありますが，インターネット資源やメタデータについて先端的に取り組み，また研究されている方方です。皆様のご参加を得てメタデータをテーマにこの会議を開催できることをうれしく思っております。

　報告と活発な意見交換を通じて，この分野の進展と，ユーザへのサービス向上につながるよう，成果を期待しております。

■発表

メタデータをめぐる問題―図書館コミュニティの対応
永田　治樹（筑波大学・図書館情報学系・知的コミュニティ基盤研究センター）

　こんにちは。永田と申します。

　私がこの会議のお話をちょうだいしたときには、「メタデータをめぐる現状の整理と問題提起」という仮のタイトルがついていました。しかし、メタデータの問題は範囲が非常に広いので、本日はいわゆる「意味」の領域の議論、そして図書館のコミュニティの対応という面に限定してお話したいと思います。

　話は、三つに分けました。1番目は、DCMI（Dublin Core Metadata Initiative）を中心としたメタデータ活動がどんなイノベーションをもたらしたかです。1997年ころでしたか、Dublin Coreは定着するかどうかわからないとささやかれていました。しかし、今や完全に根づいています。どのような展開があり、どのようなイノベーションがあったのでしょう。

　また今日は、図書館を中心にいろいろな成果を皆さんのほうからご報告いただくことになっています。図書館コミュニティにとってメタデータの動きがどんな成果があったのでしょう。それが2番目の話です。

　そして3番目に、問題提起者として、解決しなければならないいくつかの話題を提供いたします。

1．DCMIによるイノベーション
1.1　情報発見のためのツールとしてのメタデータ

　メタデータはネットワーク上の情報発見のためのツールとして出てきたわけです。

　インターネットが急速に進展して、ネットワーク情報資源を見つけるために、サーチエンジンが作られ、自動的にインデクシングしてくれるという時代となりました。しかし、サーチエンジンで自動生成されたインデックスの情報は、多くのノイズをもたらし、ときにあまりにも多いノイズによってそれ自体が用

を成しません。やはり TEI [1] のヘッダー、あるいは MARC のようなきちんとしたメタデータが必要だということになりますが、それらは専門家を要するものですから、費用がかさみ、必ずしも現実的ではありません。

そこで 1995 年にオハイオ州のダブリンに集まった関係者たちが Dublin Core という合意を作ったのです。そのねらいの第一は、専門家でなくても簡便にデータが作成できることでした。もちろん、さまざまな関係者の間で、つまり図書館コミュニティだけではなくて、文書館、あるいは博物館、あるいはネットワークの関係者たちといった人々が互いに了解できるメタデータでなければならないし、インターネットの広がりを考えますと、グローバルなものでなくてはいけない。そうした点を考慮し、簡素なものが求められたのです。しかし、それではこれまでメタデータを作成・蓄積してきたコミュニティ（たとえば、図書館コミュニティ）では必ずしも十分とはいえないために、このコアメタデータには拡張できるような手立ても確保されています。

こういった目標が DC ワークショップの最初の会議報告[2]に載っています。そのねらいの中に、interoperability（相互運用性）というコンセプトがあります。当時私はこのコンセプトがよく理解できませんでした。図書館の世界におりまして総合目録を作り相互利用（resource sharing）ということをやってきましたから、相互利用というのはよくわかっていたのですが「interoperability というのはわかりにくい」という感じがしました。コンピュータ・システムを運用する際のことを考えればよかったでしょう。

このコンセプトはたいへん重要であります。他のコミュニティのメタデータが使えるようにするのですが、まったく同一の基準ではなく、基本的な範囲だけはお互いに言葉が通じるぐらいにしようではないかというものであります。メタデータ・エレメントのセット（Dublin Core Metadata Element Set: DCMES）が、最初はエレメントの数が 13 でしたか、作られました。お互いにこのメタデータ要素に関しては同じことを意味していると了解し、相互運用性を担保するのです。

この相互運用性の観点からいうと、図書館の世界で Creator の日本語でのラベルが「著者」になっているのは問題です（私が昔出した本でも、「国立国会図書館メタデータ記述要素」でもそうです）。それは相互運用性に基づく理解

ではなくて，図書館の理解を盛り込んだものです。改めて相互運用性の意義を確認し，「作成者」といったより包括的な意味のラベルのほうが適当といえます。

しかし，DCMESに対してもう少し特定的な，もっと詳細化したメタデータが欲しいという意見が根強くありまして，Dublin CoreのQualifier（限定子）の問題が出てきました。この議論は長く決着がつかなかったものですが，Dumb-Down原則[3]を用いるということで，限定子を使わないケースに対しても配慮し，相互運用性は基本的な態度として確保されています。

"情報発見とクロス・ドメイン"，つまり，いろいろなコミュニティを渡っても，相互に情報発見を行うために，DCMESとDCQ（Qualified Dublin Core）[4]とDCMI Type vocabulary [5]について合意することを，Dublin Coreは求めています。この辺は私にはきわめてわかりにくいと思います。しかし，わかりにくいとはいえ，これがさまざまな情報を相互に運用できる基盤を作ったという点で，大きなイノベーションだと私は考えております。

また，厳密にはDublin Coreの外側ですが，相互運用性の確保は構文アーキテクチャの領域でも行われています。最初の段階では，Dublin Coreはエレメントを決めただけでしたが，第2回のワークショップのときに，非常に重要な提案，「Warwick Framework」[6]が提案されました。いろいろなメタデータ・エレメントを展開するスキーマが各コミュニティから出てくるだろう。しかし，そういったものを包括して運用していこうという構文アーキテクチャの展開がそこから始まりました。そして現在はコミュニティを超えて使えるXML/RDFスキーマ[7][8]がDCMIのウェブ[9]に提案されております。

1.2 コミュニティのメタデータとして（情報の識別・選別・入手）

それではDCS（Simple Dublin Core）[10]にDCQを付け加え，十分なメタデータを作成できるかというとコミュニティによってはそういうわけにもいきません。実際はもう少し豊富な規定が必要ということで，各コミュニティが使ってきた項目を足さねばならないのです。そこで現在では，「アプリケーション・プロファイル」[11]というものが作成されるようになりました。たとえば，図書館コミュニティではLibrary Application Profile [12]を提案しています。

アプリケーション・プロファイルは杉本先生のお話にも出てくるとは思いますが、ここでは Library Application Profile が DCMI としてどんな位置にあるかということを紹介しておきましょう。DCMI のアプリケーション・プロファイルというのは、いろいろなメタデータ項目をコミュニティのニーズに組み合わせて作るというものです。ですから Library Application Profile を見ますと、DCMES、あるいは DCQ と、それから Libraries Working Group で作ったメタデータ要素が組合わさっています。また、それぞれはネームスペース[13]上に展開されていて、どんな用語を使っているかということを誰でも参照できるようにしているわけです。

　DCMI として新たにこのコミュニティから提案されたメタデータ・エレメントをどのように扱うかというのは、問題のあるところです。2001 年の東京大会とその後に、政府関係情報のメタデータとして DC-GOV Application Profile が検討されたのですが、これに対して DCMI はいくつも「リジェクト」提案を重ねました。そうしますと、(政府関係情報の) コミュニティのほうも、なぜ自分たちが一所懸命作ったメタデータ・セットを拒否するのかということになりまして、2002 年の 5 月に行われた Usage Board の会議では、もう少し柔らかい対応で行こうということになりました。Dublin Core の原則に合った、つまり情報発見のためのものであり、クロス・ドメインであるものは、奨励されるべきものとして勧告する、しかし、そうではないもの、つまり情報発見ではないけどクロス・ドメインだとか、クロス・ドメインだけれども情報発見でないようなものであっても、DCMI の必要な形式がきちんと規定されていれば登録しようという対応になりました。このような枠組が設定されたことにより、提案されているアプリケーション・プロファイルの検討が進み、現在の時点ではかなり安定した形になったと言えます。

2. 図書館コミュニティにおける成果
2.1 ネットワーク情報資源へのアクセス
　次に、図書館コミュニティに Dublin Core が出てきたことによってどんなことがもたらされたかです。一つは、ネットワーク情報資源へのアクセスを図書館利用者が必要としていますから、図書館はネットワーク情報資源のメタデー

タを作り始めました。最初はアメリカなどで USMARC の 856 フィールドを使ったりして，MARC との整合性を意識しながら作っていました。しかし，その後 Dublin Core が普及し，現在多くのプロジェクトが動いています。それらについては DCMI のウェブに載っていますから，それをご参考にしていただければよろしいかと思います。国内でも，本日報告があるように Dublin Core がかなり流布しました。

2.2 意味（セマンティクス）と構文（シンタックス）の完全な分離

2番目は，意味と構文の分離です。メタデータにおける意味と構文の分離が明確に意識されるようになりました。図書館のメタデータ，つまり目録は，紙媒体の図書館資料の検索のための項目（意味）を，手作業を前提とした構文で表現するとして，その作業全体が円滑に進行する要件（目録規則）に則って作られてきました。また，目録の歴史はずいぶん長いので，さまざまな慣習が入り込んでいます。言ってみれば図書館目録規則は多くのレガシー（legacy：受け継いだもの，ときに足かせとなる）の固まりみたいな感じがします。

60年代に MARC が出現しまして，図書館目録においても処理がコンピュータベースになりました。枠組みについては基本的には同じですが，MARC フォーマットと目録規則の二元になったのです。それからインプットとアウトプットは異なったレベルだということがわかってきました（言いかえると，インプットしている際と，アウトプットで示されるものの意味とが乖離しうる）。しかし，この段階ではまだ意味と構文の違いはあまりはっきりできてはいませんでした。Dublin Core が，さまざまなコミュニティの違いから，何（意味）を，そしてどのように表現するか（構文）を考えさせたことによって，我々にこの点を明確に気づかせたといえます。

目録の記録する意味を基本的に検討しなければいけないところに来ています。意味というのは目録が表すものであり，具体的には使用する用語となります。FRBR（Functional Requirements for Bibliographic Records：書誌的記録の機能要件）[14] というものが 1997 年に出ています。これにはいろいろな目的があるのですが，基本的には図書館目録はなにを表現するのかを検討したものです。目録によって探索される実体は何であり，それぞれの実体がどんな関

係にあるか，あるいはその属性は何であるかということを分析しています。したがって，FRBRから我々は図書館目録の意味をきちんとつかまえられると思われます。今後そういった展開を推し進めていく必要があるかと思います。

また，シンタックス（構文）の再検討に関しましては，米国議会図書館（Library of Congress）がMODS (Metadata Object Description Schema)[15]を最近出しています。MARCフォーマットとMODSとの関係が今後いったいどのような形になっていくか，おもしろいところだと思います。MARCフォーマットというのはシンタックスではあるのですが，かなり意味の部分に踏み込んでいますので，そのあたりもすっきりさせなければいけないと考えます。

2.3 外部コミュニティの成果の取り込み

3番目に,「外部コミュニティの成果の取り込み」があります。メタデータの出現によって，図書館の人たちに外部コミュニティがかなり見えてきたと言えると思います。

3. いくつかの課題

最後に五つほど今後の課題を挙げます。

1番目はアクセス確保と情報の蓄積です。図書館はアクセスの手段を確保していると同時に，そのアクセスそのものを保証しているわけですが，この二つがデジタル化によって分離してきました。最終的に情報資源が手に入るという保証があれば，図書館はメタデータだけでもいいし，あるいはメタデータに対するアクセス手段だけでもいいわけです。しかし，サービスの確保の問題，あるいはコストの問題といろいろありますから，いろいろなアクセス手段をどこまで持つか，あるいはどこまでアーカイビングするかというような話は，それぞれ状況によってさまざまだと思います。それを決めるのは図書館を維持している利用者コミュニティの判断です。

2番目の問題は，図書館における目録規則の，意味と構文の改訂です。これは先ほど少し申し上げましたが，意味というものを我々は図書をベースとして作ってきたわけですから，今やデジタル情報を含めたところで意味を再検討していかなければいけない。デジタル情報はFRBRで言うところのexpression

（表現形）と manifestation（実現形）の区別をかなりドラスティックに意識させ，そして expression レベルで情報の固まりをつかまないと対象をうまく表現していないことを明らかにしています。そのあたりの調整が必要です。また，人間と機械双方に好都合な構文が必要だということもあります。

　3番目は「資源のメタデータと名称」に関する問題です。人名とか団体名とか，固有名はあまり変わらないと思いますが，資料名のあり方，さらには知識についての名前というか，主題体系は世界が新しくなると，あるいは知識の集積の仕方によってだいぶ変わってくる可能性があるということで，主題に関わるメタデータについての検討もしていかなければいけないだろうということです。

　4番目は，個々の機関が作成したメタデータは，図書館の所蔵目録でもZ39.50 [16] 等を利用してお互いに見せ合いますので，OAI（Open Archives Initiative）[17] のような，ハーベスティング [18] が可能なメタデータの蓄積が必要です。

　5番目に，ハイブリッドな状況，つまりデジタルなものと物理的な媒体を持つものが混在する状況はずっと続くと思います。そうなりますと，レファレンス・リンキング [19] のように，メタデータを利用してハイブリッドな資源そのものをつなぐことが非常に重要です。OpenURL [20] を使ったソフトウェアが商品化され始めていて，メタデータを URL の値として入れることを考えているわけですので，メタデータの果たす役割は重要だと思います。

注
（1）テキストをマークアップ言語（タグを使用して文書の形式や修飾を記述するための言語）によってエンコードし，機械可読形式にすることによって，電子文書を交換・共有するための標準。TEI Consortium で維持管理されている。詳細は次のウェブサイトを参照。
　　Text Encoding Initiative. <http://www.tei-c.org/> (last access 2003-03-07)
（2）Weibel, Stuart et al. OCLC/NCSA Metadata Workshop Report.
　　<http://www.dublincore.org/workshops/dc1/report.shtml> (last access

2003-03-07)
(3) エレメントの値を記述するとき，限定子を取り除いても，そのエレメントの意味と記述された値との間に矛盾が生じないこと。限定子を取り除いたものがそのまま Simple Dublin Core（注 10 参照）として成立することによって相互運用性を確保する。
(4) Simple Dublin Core（注 10 参照）に限定子や新たなエレメントを追加し，より詳細な記述を可能としたもの。
(5) DCMES の Type エレメントを記述するときに使用する用語の定義。詳細は次のウェブサイトを参照。

DCMI Usage Board. DCMI Type Vocabulary. <http://www.dublincore.org/documents/dcmi-type-vocabulary/> (last access 2003-03-07)
(6) Dublin Core だけでなく，さまざまなメタデータ規則に基づいて作成されたデータを並列で扱うことができる技術的基盤の提案。詳細は次のウェブサイトを参照。

Burnard, Lou et al. A syntax for Dublin Core Metadata: recommendations from the Second Metadata Workshop. <http://dublincore.org/workshops/dc2/report-19960401.shtml> (last access 2003-03-07)
(7) XML（Extensible Markup Language）　SGML や HTML の流れを汲むマークアップ言語の一種。HTML と違い，独自にタグを定義できる点に特徴があり，1998 年に W3C によって勧告された。機械処理可能な形でデータや文書を記述することによって，それらを容易に交換・流通させ，相互運用性を確保することができる。
(8) RDF（Resource Description Framework）　「リソース，プロパティ，値」の三つ組の概念を用いてメタデータを記述するためのフレームワーク。データモデルの表現には XML を用いる。1999 年 2 月に W3C によって勧告された。
(9) Dublin Core Metadata Initiative. <http://www.dublincore.org/> (last access 2003-03-07)
(10) DCMI の推奨する，相互運用性を確保するための基本的なエレメント・セット（要素集合）。DCMES のうち 15 のエレメント（Title, Creator,

Subject, Description, Publisher, Contributor, Date, Type, Format, Identifier, Source, Language, Relation, Coverage, Rights) に固定されており，全てのエレメントが省略可能かつ繰り返し可能である。2003年3月末現在，ISO において規格化が審議されている。詳細は次のウェブサイトを参照。

DCMI. Dublin Core Metadata Element Set, Version 1.1: Reference Description. <http://dublincore.org/documents/dces/> （last access 2003-03-07）

(11) 利用コミュニティの需要に応じて DCMES の応用を定めるもの。図書館界では図書館応用プロファイル（Library Application Profile，注12参照）を検討中である。

(12) Guenther, Rebecca. Library Application Profile. <http://dublincore.org/documents/library-application-profile/> (last access 2003-03-07)

(13) XML（注7参照）文書の中で使用する要素および属性の名前を区別するための識別子。XML では作成者が独自に要素や属性を定めることができるため，同じ要素名が異なる意味や用途で使用される場合がある。このとき，ネームスペースを用いて要素が属している空間を明示すれば，人間および機械が意味の違いを区別できる。

(14) IFLA (International Federation of Library Associations and Institutions：国際図書館連盟）の研究グループが提示した目録の概念モデル。目録の目的・機能を利用者の視点から再構成し，求める資料を，タイトルや著作者だけでなく媒体などからも簡単に選ぶことができることを目指す。詳細は次のウェブサイトを参照。

IFLA Study Group on the Functional Requirements for Bibliographic Records. Functional Requirements for Bibliographic Records. 1997.9, <http://www.ifla.org/VII/s13/frbr/frbr.htm> (last access 2003-03-07)

日本語の解説は次の文献を参照。

和中幹雄. AACR2 改訂と FRBR をめぐって―目録法の最新動向―.『カレントアウェアネス』 No.274, 2002.12, p.11-14.

― 19 ―

(15) XML（注 7 参照）を利用した書誌情報のデータ要素および記述形式を定める規格（2003年3月末現在はドラフト段階）。米国議会図書館で維持管理されており，MARC フォーマットからの変換や，他のメタデータ規則との互換性が考慮されている。詳細は次のウェブサイトを参照。
Library of Congress Network Development and MARC Standards Office. MODS. <http://www.loc.gov/standards/mods/> (last access 2003-03-07)

(16) 情報検索プロトコル（情報を検索するときの検索式や検索結果の形式）の規格（ISO 23950:1998, JIS X 0806）。このプロトコルを実装したサーバ間では，お互いの機種やアプリケーションに左右されずに複数のデータベースを同時に検索することが可能となる。

(17) 電子情報の流通に関する技術の標準化を推進する団体。OAI の推奨するハーベスティングのプロトコル OAI-PMH（Protocol for Metadata Harvesting）は，複数のアーカイブ間でメタデータを共有・交換することを可能とする。

(18) ウェブ情報を，アーカイビングやインデクシング等を目的として，ソフトウェアにより自動的に収集すること。

(19) 参照関係にあるネットワーク上の情報を直接リンクさせること。

(20) メタデータを URL として送信するための標準的な記述方法。サーバ間でメタデータをやりとりし，ネットワーク上の情報間で自動的にリンクを構築することを可能とする。
詳細は次の文献を参照。
増田豊. OpenURL と S・F・X. 『カレントアウェアネス』 No.274, 2002.12, p.17-20.

■発表

Dublin Coreの最近の話題から
杉本　重雄（筑波大学・図書館情報学系・知的コミュニティ基盤研究センター）

ご紹介にあずかりました杉本です。どうぞよろしくお願いいたします。図書館情報大学改め，筑波大学図書館情報学系知的コミュニティ基盤研究センターに所属しております。先ほど永田先生が露払いということでしたので，私は太刀持ちになって，あとは皆横綱級になるかと思います。

1. はじめに

DC-2002

- イタリアのフィレンツェ、10月14日～17日
- 参加者は200名強、日本からは9名（発表は3件）
- 他のDCMIミーティング（DC-2002の前後）
  - Usage Board: 11・12日
  - Board of Trustees: 13日
  - Advisory Board: 18日

10月に Dublin Core-2002 の会議がありました。場所はイタリアのフィレンツェで，200名強の参加がありました。日本からの参加は9人で，発表は3件ありました。本会議が 14～17 日でした。それ以外にミーティングとして Usage Board。これは永田先生が参加されていますけれども，基本的にエレメントとか qualifier（限定子）を決める，ある意味でコアなグループです。それから Board of Trustees という，どちらかというとポリシーとか組織の維持を考え

ていこうというものです。Advisory Board は会議の終了後にありました。

　基調講演はロスアラモス研究所の Van de Sompel です。一時英国図書館（British Library）におられたと思います。基調講演は OpenURL の話が中心だったと思います。それ以外にチュートリアル，ワークショップ，それと論文発表の組み合わせで作られた会議です。チュートリアルには，200名のうちのかなりの部分が参加していました。Dublin Core に関しては新しいことを学ぼうという人たちがけっこう参加されていたことを意味すると思います。もちろんそこでの内容の魅力にもよるかとは思います。論文発表とワークショップは基本的にいくつかのパラレルセッションで行われていたのですが，その中で，プリナリー・セッションで行われたものとして基調講演の Van de Sompel，それから W3C でセマンティック・ウェブ[1] の中心人物の Eric Miller の講演などがありました。

　詳しくは DCMI の DC-2002 のページ[2] からアクセスできます。論文とかワークショップのマテリアルとかが全部載っていると思います。

2. Dublin Coreの基本的な考え方について——エレメント，限定子，その他の語彙

Dublin Core Grammar

- （これまでの）基本的な考え方
    - 限定子は形容詞，エレメントは名詞
    - 形容詞をとればDumb-Downできる
- Element Refinement Qualifierと呼ぶか、それともRefined Elementと呼ぶか。
    - 例：「**alternative** title」か「**altrenative-title**」か
    - RDF Schemaでの定義に基づけば、refined elementと呼ぶ方が正確。これまでの慣習ではelement refinement

― 22 ―

永田先生のお話の一番最初のところで，interoperability が重要な概念であるということがあったと思います。実は今回の Dublin Core の会議の少し前に，メーリングリスト上で，Creator というエレメントを Contributor の element refinement（エレメントの意味の詳細化）にしようという議論がありました。これは，MARC の relator term [3] を導入する際に，Contributor と Creator との間の関係を整理したいというところから出てきました。会議が終わったあと，Advisory Board がありまして，Usage Board から，Creator を Contributor の element refinement にする決定をしたという報告がありました。ただ，それは Usage Board からの報告であって，DCMI としての最終的な報告にはなっていません。最終的にはまず間違いなく，今までの定義であるところの Creator, Contributor と並んだエレメントという定義は，今は変えないというところで，これから結論が出ていくと思います。
　この議論は，今ある Simple Dublin Core を定着させる，あるいは定着してきた Simple Dublin Core を今現在乱すことは決して得策ではないという考え方の上に成り立っているものであると，私自身は思っています。こうした議論は，Dublin Core というものの基本的な考え方が，この2年ぐらいの間にかなりクリアになってきて，その結果出てきたものであると私自身は理解しています。

> ## Dublin Core Grammar
>
> - CreatorをContributorのrefined elementに定義しなおすという議論
>   - MARC Relator termを導入するに当たって
>   - 以前からのCCPの問題にもつながる
>   - 当面は変更はしない
>   - Simple DCとQualified DCとの関係の理解の仕方
>   - Simple DC + qualifiers = Qualified DC？
>   - Audienceエレメントが16番目のエレメントとして導入されている。

　これまでの基本的な考え方では，限定子は形容詞，エレメントは名詞という言い方をしてきました。これは「A Grammar of Dublin Core」というThomas Baker の 2000 年の論文[4]を基本にしています。Dublin Core では基本的にDumb-Downという原理を，限定子を導入する上での原則としているわけです。限定子を形容詞とすれば，その形容詞を取ってしまえば簡単に名詞だけになるというのがもともとのアイデアです。これを Dumb-Down といっています。
　element refinement qualifier というものをこうして導入してきたわけです。ところが，この中身を見てみますと，いわゆる形容詞的なものと名詞的なものの両方があります。たとえば形容詞的なものには alternative という Title エレメントの限定子がありますが，それとは別に abstract とか table of contents という名詞的な名前をもつ Subject エレメントの限定子があります。これはある意味で矛盾をしているわけです。alternative は明らかに形容詞です。これを取ればタイトルだけが残ります。table of contents は名詞ですので，形容詞を取り去るというルールであればそのままで残っていきます。もともと限定子を形容詞として，それを取れば Dumb-Down ができるというところと少し合わなかったわけです。DCMI では，Dublin Core の意味の定義というか，エレメントや限定子を定義するためのデータモデルの定義も議論を進めてきました。

最近ではResource Description Framework（RDF）のスキーマの定義を使って，その意味の定義をしようということを進めています。その定義の上では，element refinementの限定子を属性（property）として定義しています。これは，属性に与える形容詞ではなくて，名詞として表されるべき属性として定義していることになります。RDFで定義をしたことによって，矛盾がはっきりしてきたというのが私自身の解釈です。Usage Boardでは，element refinement qualifierというのは，言葉としては残すけれども，別の言い方としてrefined elementという概念を入れていこうかといったことが議論されているそうです。このあたりも新しい議論で，今までの，いわゆるレガシーの言葉との矛盾というか，違いを理解してもらうにはなかなか時間がかかるので，両方使っていこうということになると思います。

　実は私自身，これまでに困ったことがあります。たとえばalternativeを翻訳しようとすると，うまく翻訳できないことです。「代替」だけで，あとは何もつかない。これが果たしていいのかどうかわかりません。「代替タイトル」とか「代わりのタイトル」というふうに翻訳することはできるのですが，これはある意味でかなり解釈が入ることになります。

　今Creator, Contributorの話を先にしてしまったのですが，MARCのrelator termを入れるに当たっての議論の前から，Contributor, Creator, Publisherというのは議論になっていたことです。その整理になるかなと私自身は期待していたのですが，既存のエレメントについては当面変更しないと思います。

　もう一つ非常に重要なことで，現在ISOのファースト・トラックでSimple Dublin Coreの投票が進んでいます。（最終ドラフトを確定する）投票の締切は2003年1月下旬だったと思います[5]。投票している最中にSimple Dublin Coreのところに関連することを変更するのはまずいであろうという判断もあるのだろうと思います。

　Simple Dublin CoreとQualified Dublin Coreの関係について，今回のことで私自身が思ったことです。今までQualified Dublin CoreというのはSimple Dublin Coreをある意味で拡張していると理解してきたのですが，現在の考え方では，Simple Dublin Coreの15エレメントはinteroperabilityを確保するための基本的な15のエレメントであって，それはそれだけのものというふう

に理解するとよいと考えるようになってきました。実際のところ，基本エレメントのレベルで，16番目のエレメントとして Audience というのがすでに入っています。Dumb-Down 原則という概念も含めて定義されるエレメントと限定子（encoding scheme）の集合を Qualified DC ととらえればよいと思います。あるいはそれを DCMES としてとらえればよいと思っています。スライドでは「Simple DC＋qualifier＝Qualified DC？」とクエスチョンマークが付いています。これはちょっと考え方を変えようかなと自分自身では思っていることを表しています。

それから，interoperability が永田先生のお話のキーワードであったわけです。私のレジュメの中にも少し書いていますけれども，メタデータをとらえる上で，私自身は Dublin Core の議論には三つの点があると思っています。一つ目は意味の議論，二つ目は具体的な記述形式によらない構文の議論，三つ目は具体的な記述形式の議論。この三つです。

意味の議論は，いわゆるエレメントや qualifier の意味の定義です。具体的な表現形式によらない構文の議論は，たとえば必須とか，繰り返しが何回できる，あるいはどういうエレメントセットからどんなエレメントを取ってくるかという議論です。具体的な表現形式は，たとえば特定のデータベースを使うときに決まってくる特定の表現形式の議論です。あるいはデータの交換のために XML を使う，あるいは RDF や HTML を使うときにどのように表現するかという議論です。これらはそれぞれ別のものであるということがはっきりしたと思います。第3の点において，Dublin Core では XML を交換に適する記述方法として認め，また汎用的なメタデータの記述の枠組みとして RDF を認めています。

3. メタデータ・スキーマ・レジストリについて

```
           メタデータ・スキーマ・レジストリ
      メタデータとメタデータ規則の流通性

  • メタデータの蓄積の形式と交換の形式
      – 蓄積にはシステム毎に都合の良い方法を選べば良い
      – XMLは交換に適する
           • XML Schema: 表現形式の定義を与える
      – メタデータの汎用的な記述の枠組みとしてのRDF
           • 簡単なデータモデルに基づく
           • メタデータ記述のための語彙の定義(RDF Schema)
  • メタデータ・ハーベスティング
      – メタデータ共有・相互利用のための仕組み
      – 例: Open Archives Initiative
      – 総合目録(のような仕組み)との考え方の違い
      – Z39.50(のような仕組み)との考え方の違い
```

　永田先生のお話の中で，ハーベスティングが出てきました。これの典型的なものは，Open Archives Initiative (OAI) だと思います。基本的に別々に発展してきたいろいろな e-print のリポジトリの間で共通に検索できるようにしようというときに，すでに動いているシステムに手を入れて横断検索の仕組みを作るというのは大変なことだと思います。リソースを見つけるという目的のために Dublin Core が役に立つのであれば，各リポジトリが Dublin Core にあわせてメタデータを提供することにし，それをかき集めることで，付加価値サービスをすることができます。ですから，たとえば総合目録を分担協調型で作っていくという考え方とは明らかに違います。Z39.50 のような，きちっとしたプロトコルの上に作っていくのとも違います。違う構成を持つリポジトリがネット上に存在しているときの考え方という意味で，ハーベスティングはきちんと追いかけておくべきものであると思っています。

> メタデータ・スキーマ・レジストリ
> # メタデータ規則の流通性
> - メタデータ規則の相互利用性を高める
>   - ネット上で人間が参照できること
>   - 探しやすく、読みやすいインターフェース
>   - 多言語
>   - ネット上でソフトウェアが参照できること
>   - 形式的な記述。(XML, RDF)
> - メタデータ・スキーマ・レジストリ
>   - メタデータ規則をネットワーク上で，機会と人間の両方が理解できる形で提供する。
>   - DCMIレジストリの取り組み
>   - ヨーロッパでのCORESプロジェクトの取り組み
> - 課題
>   - どのような形式で
>   - どのような粒度で

　こういう要求が現れてきたときに，メタデータ規則をお互いに利用できることが大事になってきます。お互いにというのは，今までは一つのコミュニティの中で一つの規則を使っているから，あまり違う規則のことを考える必要がなかったのに対して，ネット上でコミュニティにまたがった利用が進むと，複数のメタデータ規則を考える必要があることです。たとえばDublin Coreを考えてみますと，図書館や政府機関のリソース，それ以外にもたとえばマルチメディアデータとかいろいろな目的で使われています。そういったものを横断的に検索をできるようにしたいと思えば，できなくはないと思います。でも，それぞれのところで，どういうエレメントをどういう条件で使っているか，どのような限定子を使っているかといったことを知る必要があります。そこで，メタデータ規則に関する情報をどこかに登録しておいて，ネット上で相互に利用できることが必要になります。それは人間が読めることプラスソフトウェアが直接使えることが求められてきます。そういうサービスをネット上で行うのがメタデータ・スキーマ・レジストリです。DCMIではDublin Coreのためのレジストリを作っています。このレジストリはRDFスキーマを使ってエレメントの定義を登録しています。

　また別の試みで，先ほど出ましたThomas Bakerや，ヨーロッパのDublin

Core のグループが中心になって，いろいろなメタデータ規則を集めてレジストリを作ろうということを呼びかけています。レジストリが実現できるかどうかを考えようというもので，そんなに大きなプロジェクトではないのですが，CORES[6] というプロジェクトです。ちょうど1週間前になりますけれども，いろいろなコミュニティに声をかけて，ブリュッセルで会議を開いていました。必ずしもすべてのコミュニティの代表がきたというわけではないですが，MARC21[7]，ONIX[8]，Dublin Core，World Wide Web，それ以外に IEEE LOM[9] といったコミュニティに参加を呼びかけていました。そういう違うコミュニティの間でメタデータ規則を相互にネット上で参照できないか，そのためにはどういうことを合意すればいいのだろうかということをこれから考えようとしています。こういう取り組みは大事であろうと思います。

4．組織としてのDCMIについて

DCMIと地域コミュニティ

- DCMIの再構成
  - 長期に渡る維持管理
  - 組織を支えるための収入
- 地域のコミュニティの必要性
  - 地域の要求を議論する
  - 地域内の情報を交換する
  - 地域コミュニティとグローバルなコミュニティをつなぐ
  - DC-Japan
    - 図書館はコアであるべき。
    - 図書館だけで閉じてはいけない。

かなり話題は変わります。今 Dublin Core で求められていることです。DCMIというのはずっと OCLC を最大のスポンサーとして育ってきました。でも，必ずしも OCLC がこれからずっと面倒をみてくれるとは限らないです。Dublin Core が生き残っていくには，それ自身で組織として収入を確保し，Usage

BoardのようなDublin Core自身を維持し，管理していくために必要な組織を支えていかなければなりません。現在，将来に向けて組織のあり方を考える時期に来ていると認識されています。

　interoperabilityという点から考えても組織に関する問題が理解できます。限定子はおそらくこれからも増えていくと考えられます。たとえば，政府情報のコミュニティ，あるいは教育のコミュニティの中で使う限定子やアプリケーション・プロファイルが作られ，それを議論し，維持し続けることが求められます。また，たとえば，日本の中でどういう限定子が必要なのかということを議論することが必要になります。グローバルなinteroperabilityを実現するには，地域あるいは分野のコミュニティでの議論が求められます。こうした認識の上で，組織をどんなふうに作っていけばいいのだろうかということが議論されています。たとえば，メンバーシップオーガナイゼーションにしていくべきなのか，あるいはもう少し別の資金基盤を作ることができるだろうかという議論が，少しずつですが進められています。

　そこで，日本国内のことを考えてみますと，我々自身にどんな要求があるのかを認識し，どのようにDublin Coreを扱っていきたいのかを考えていく必要があります。図書館コミュニティ内，あるいは図書館以外のコミュニティとの間でメタデータを相互に使えるようにするにはどういうことを進めていく必要があるかということを議論したり，情報を交換したりする場が求められます。加えて，日本と世界との間をつなぐための議論の場が本当に必要になっていると思います。

　たとえば現在日本語で正式な翻訳はありません。たとえばDCMIレジストリには私の翻訳ということで載っています。国立国会図書館の翻訳と私の翻訳はたぶん違います。ほかにもいっぱいあると思いますが，どれも正式ではないわけです。ですから，おそらく，どこかでそれを決めなければならないと思います。

　Simple Dublin Coreの15エレメントに関しては，ISOで認められればJIS化されると思います。一方，これからぼつぼつ限定子が増えていくわけですが，それに対する議論をどういう場でやっていけばいいのだろうかというと，それなりの組織を作らないといけないことがわかります。DC Japanとでも呼ぶべ

き日本のコミュニティのために Dublin Core について維持する組織が必要とされていると思います。DC のコミュニティの中で図書館はコアであると思います。ただ，DC Japan というものを考えた場合，図書館だけでそのコミュニティを支えると考えることはよくないとも思っています。

注
(1) ウェブの創始者である Tim Berners-Lee が提唱する，次世代ウェブのモデル。ウェブ情報にメタデータを付与することにより意味情報（セマンティクス）を付加し，それをエージェント（ウェブ上でさまざまな処理をこなすプログラム）が自動処理することにより，散在するウェブ情報を体系化，統合化していこうという試み。
(2) DCMI. DC-2002. <http://dublincore.org/workshops/dc10/> (last access 2003-03-07)
(3) MARC21 フォーマットにおいて，著作への関与の仕方や役割などを示す語。
(4) Baker, Thomas. A Grammar of Dublin Core. *D-Lib Magazine*, Volume 6, Number 10, 2000.12, <http://www.dlib.org/dlib/october00/baker/10baker.html> (last access 2003-03-07)
(5) 2003 年 1 月に ISO TC46 SC4 で ISO/DIS 15836 の投票が行われ，承認された（2003 年 3 月末現在）。
(6) CORES
欧州の研究機関を中心としたプロジェクト。メタデータの内容（記述）に関する情報を共有することにより，相互運用性とセマンティック・ウェブの促進を図る。詳細は次のウェブサイトを参照。
CORES. <http://www.cores-eu.net/> (last access 2003-03-07)
(7) 北米における標準的な目録データ交換用フォーマットで，1999 年に US MARC と CANMARC を統合したもの。詳細は次のウェブサイトを参照。
Library of Congress Network Development and MARC Standards Office. MARC standards. <http://www.loc.gov/marc/> (last access 2003-03-07)

(8) 主に欧米の書籍出版・販売業界で利用されているメタデータ規則。EDItEUR (International Group for Electronic Commerce in the Book and Serials Sectors) で維持管理されている。詳細は次のウェブサイトを参照。
EDItEUR. ONIX Product Information Standards. <http://www.editeur.org/onix.html> (last access 2003-03-07)
(9) IEEE (Institute of Electrical and Electronics Engineers：電気電子技術者協会) で維持管理している，遠隔学習の教材のためのメタデータ規則。詳細は次のウェブサイトを参照。
IEEE Learning Technology Standards Committee. <http://ltsc.ieee.org/> (last access 2003-03-07)

■報告

国立国会図書館における
ネットワーク系電子出版物の組織化
大幸　直子（国立国会図書館書誌部書誌調整課）

　国立国会図書館書誌調整課の大幸と申します。よろしくお願いいたします。「国立国会図書館におけるネットワーク系電子出版物の組織化」ということでお話しさせていただきます。

1．国立国会図書館におけるネットワーク系電子出版物に関する検討経緯

```
1．ネットワーク系電子出版物に
　　関する検討経緯　（～平成13年）

平成12年3月　　平成11年度電子図書館全国連絡会議
　　　　　　　「電子図書館におけるネットワーク系
　　　　　　　電子出版物」について議論

平成12年12月　行政情報保存実験

平成13年3月　　「国立国会図書館メタデータ記述要素」策定

平成13年3月　　平成12年度電子図書館全国連絡会議
　　　　　　　「インターネット上の情報資源の収集と
　　　　　　　組織化 」について議論

平成13年12月　平成13年度電子図書館全国連絡会議
　　　　　　　ウェブ・アーカイビングについて議論
```

　ネットワーク系電子出版物に関する検討経緯は，平成13年まではこのような流れになっています。電子図書館全国連絡会議[1]ではメタデータの標準化の重要性，他機関との連携の重要性が常に指摘されてきていました。そしてまた平成12年に行われた行政情報保存実験[2]では，二次情報の作成に必要な情報が明記されていない場合が多いこと，紙など他の媒体の二次情報との整合性を持たせることが問題点として挙げられていました。先に先生方からもご指

摘がありました「国立国会図書館メタデータ記述要素」(付録1)については後ほどお話しいたします。

> ### 1. ネットワーク系電子出版物に関する検討経緯 (平成14年)
>
> 平成14年1月　ウェブ・アーカイビングに関する国際シンポジウム開催
>
> 平成14年3月　納本制度審議会に対し館長から「ネットワーク系電子出版物を納本制度に組み入れること」について諮問
>
> 平成14年11月　WARP、Dnavi開始

次に平成14年以降の検討経緯です。ウェブ・アーカイビングの国際シンポジウム[3]が1月に開かれました。シンポジウムでは，メタデータはシステムによる自動付与が望ましいこと，アーカイビングは発行者などの関係者に実験段階から参加してもらい，理解を深めてもらう必要性があること，が挙げられました。

2. 国立国会図書館でネットワーク系電子出版物を扱う枠組み
2.1 電子図書館事業

> 2. ネットワーク系電子出版物を扱う枠組み
> (1)電子図書館事業
> ・ホームページでの情報発信
> ・電子化資料の提供（近代デジタルライブラリー、貴重書画像データベース）
> ・データベース・ナビゲーション・サービス（Dnavi）
> ・インターネット資源選択的蓄積実験事業（WARP）

　当館におけるネットワーク系電子出版物に対する取り組みには大きく分けて二つの枠組みがあります。一つ目が，電子図書館事業です。当館のホームページでは，OPAC，国会会議録，主題情報案内など多様なコンテンツを提供しています。そして各コンテンツのトップページに書誌情報として，当館のメタデータ記述要素に準拠したメタデータを付与する予定です。実際に，付与されているものは少ないです。メタデータ作成には専用ツールを使用しています。

　「近代デジタルライブラリー」，「貴重書画像データベース」は，電子化資料を提供する事業です。ここでは，原資料の書誌情報とほとんど同じ書誌情報を，資料1点ごとに付与しています。

　さらにナビゲーション・サービスである Dnavi とアーカイビングを行う WARP については後ほど電子図書館課から報告をいたします。この二つの事業においてもそれぞれの基準でメタデータを作っています。

　メタデータに関しては，当館においてもさまざまな種類が混在している状況です。

2.2 納本制度

> 2. ネットワーク系電子出版物を扱う枠組み
> (2)納本制度
> ・ネットワーク系電子出版物に対する検討を平成14年より開始
> ・納本制度審議会ネットワーク系電子出版物小委員会で検討中
> ・平成16年度に審議会より答申が出る予定
>
> 納本制度審議会のページ
> http://www.ndl.go.jp/jp/aboutus/deposit_council_book.html

　ネットワーク系電子出版物を扱う枠組みのもう一つ大きな柱が納本制度です。平成14年3月,当館館長より納本制度審議会に対して「ネットワーク系電子出版物を納本制度に組み入れること」について諮問がなされました。この諮問を受けて,納本制度審議会にネットワーク系電子出版物小委員会が設置され,検討を開始しました。ここにおられる杉本先生も委員のお一人でいらっしゃいます。平成16年度中に審議会より答申が出される予定です。審議会の検討状況は当館のホームページ[4]でご覧いただけます。小委員会の議事録も掲載されています。現在のところ小委員会は,ネットワーク系電子出版物を現行納本制度に組み入れることは不適当であると判断し,別の制度的枠組みで対応することで合意していますので,現行納本制度とは異なるものになる可能性があります。そしてまた,収集範囲についても小委員会で検討されています。当館におけるネットワーク系電子出版物への対応を考えるに当たり,以上二つ,電子図書館事業と納本制度の枠組みが基本となっています。

3. ネットワーク系電子出版物の組織化に向けて
3.1 国立国会図書館で作成するメタデータに必要な情報

```
   3.　ネットワーク系電子出版物の
         組織化に向けて
 (1)国立国会図書館で作成する
    メタデータに必要な情報
   ・収集および保存要件に関する情報
   ・書誌情報
```

　ネットワーク系電子出版物の組織化に向けて3番目の項目として，当館で作成するメタデータは，収集および保存要件に関する情報と書誌情報の2点から考えたいと思います。

3.2 メタデータを付与する対象
　メタデータを付与する対象と目的によって必要なメタデータは異なってきます。今のところ，当館から発信する情報，電子化資料および当館が収集・保存すると定めた範囲のネットワーク系電子出版物を対象と考えています。

> 3. ネットワーク系電子出版物の
>   組織化に向けて
>
> (2) メタデータを付与する対象
>   ・国立国会図書館から発信する情報
>   ・電子化資料
>   ・館として収集・保存すると定めた
>   範囲のネットワーク系電子出版物

3.3 メタデータを付与する目的

> 3. ネットワーク系電子出版物の
>   組織化に向けて
>
> (3) メタデータを付与する目的
>   ・多種多様な情報の氾濫状況を克服する
>   ・大量の情報を効果的に維持管理する
>   ・国の出版物として収集したことを記録する
>   (全国書誌の作成)
>   ・長期的保存に必要な情報を記録する
>   ・利用者に上質な検索環境を保障する

　次にメタデータを付与する目的です。これはもう皆さんご存じのことで，1) 多種多様な情報があること，2) 大量の情報を効果的に維持管理すること，3)

当館としては，国の出版物として収集したことを記録すること，4) さらに，長期保存に必要な情報を記録すること，5) 利用者に上質な検索環境を保障すること，このような5点がありますが，書誌情報については媒体の違いを意識しないですむ検索環境，具体的には当館のNDL-OPACレベルを保障することを目的としたいと思います。

また，館として収集保存すると定めたネットワーク系電子出版物のうち，すべてに書誌情報を付与することが難しいとか，一律付与は難しいということもありますので，付与する範囲を内容面などから限定することも必要になってまいります。

4．書誌データ作成における課題

次に，書誌データ作成における課題といたしましては，WARP, Dnaviでの経験から，ここに挙げたような問題点，課題が明らかになってきています。詳細は次に電子図書館課から報告いたします。

```
4．　書誌データ作成における課題
 (1)印刷物とWeb情報の違い――Web情報の特質とは？
   ●量の多さ
     ＊総務省郵政研究所「WWWコンテンツ統計調査」
      では、2001年8月現在、
      ・ページ数：6,507万ページ
      ・ファイル数：16,700万ファイル
      ・データ量：4,446GB
   ●粒度（どの単位で書誌データを作成するか）
   ●記述の情報源が不確実、書誌事項を
    とらえがたい

 (2)持続的識別子（persistent identifier）
```

印刷物とウェブ情報の違いを認識して分析することが必要です。さらに粒度や記述の情報源の問題は，これまでレガシーとして，図書館が培ってきた従来の印刷物に基づく書誌作成のあり方では対応できない部分です。そして移り変

わりの激しいウェブの世界では識別子が重要です。特に当館はISSN日本センターとしてすでにオンラインジャーナルに対するISSNの登録事務を行っておりますが、その機能を発揮させるための取り組みはまだ具体的に行われておりません。こういう取り組みも必要です。

5. 書誌調整（書誌コントロール）における課題

> 5. 書誌調整（書誌コントロール）
>   における課題
>
>   (1) 利用者へのナビゲーション
>   (2) データ作成のルールづくり
>   　・第一歩として、「国立国会図書館
>   　　メタデータ記述要素」の改訂

次に、書誌調整における課題ということで、この2点を挙げさせていただきます。作成したメタデータを使って一次情報へどのようにアクセスさせるのか。たとえばOPACから飛べるようにするというような方法によって、媒体の違いを意識しないで済むということを目指したいと考えています。

5. 書誌調整（書誌コントロール）における課題

● 「国立国会図書館メタデータ記述要素」の改訂
　・実作業からのフィードバック
　・標準化――相互利用性の確保

　最後に，「国立国会図書館メタデータ記述要素」（付録1）の改訂についてお話しいたします。Creator が「著者」になっているなど問題もあるのですが，平成13年3月に Dublin Core Metadata Element Set（DCMES）に準じて定めたもので，書誌部で維持管理しています。
　DCMES を採用したのは，特に図書館界で広く流通していて，相互運用性に優れているということがあります。この要素は書誌情報について定めたものですが，メタデータとしては，もっと必要な要素があることが WARP などの実作業からわかってきています。収集・保存に必要な情報や，データを記述交換するフォーマットなどについては，今後，館全体で取り組んでいくことになります。たとえば書誌情報についてもまだ十分に書き込んでいないところがありますし，必須要素も不十分です。
　現在，ウェブの世界には扱う情報の性質に応じてさまざまなメタデータの基準があります。これらの基準の間でどのような相互利用性を確保するかという問題がありますし，当館としてこの基準をどのような形で保つべきなのか，他の機関の基準との関係性をどう考えるのかということがあります。
　また幅広く利用されるためには，実作業との手間の兼ね合いも考慮しなければなりません。これはたいへん大きな問題です。一方で信頼性のあるデータと

するために，典拠の活用なども視野に入れていかなければなりません。

なお，ネットワーク系電子出版物に関しては，メタデータ付与を，図書館などの二次情報の作成者だけでなく，情報の発信者に対しても働きかけていくことも考えられます。ネットワーク系電子出版物の組織化のためには，以上のように取り組むべき課題は多いのですけれども，その第一歩としては「国立国会図書館メタデータ記述要素」の改訂があるかと考えています。

そして，常に動き続けている電子図書館事業，それから今まさに検討されている納本制度の枠組みを踏まえていかなければなりません。そして本会議の議論などを受けて，幅広くご意見をうかがいながら調整していきたいと考えています。

注
(1) これまでの電子図書館全国連絡会議の内容は次の文献を参照。
　　平成11年度　電子図書館全国連絡会議の開催.『国立国会図書館月報』No.470, 2000.5, p.16-17.
　　平成12年度　電子図書館全国連絡会議の開催.『国立国会図書館月報』No.482, 2001.5, p.16-17.
　　平成13年度　電子図書館全国連絡会議.『国立国会図書館月報』No.491, 2002.2, p.30-31.
(2) 詳細は次の文献を参照。
　　大塚奈奈絵. 行政省庁のネットワーク系電子情報の保存実験.『図書館研究シリーズ』　No.37, 2002.1, p.35-90.
(3) 内容は次の文献を参照。
　　文化遺産としてのウェブ情報―ウェブ・アーカイビングに関する国際シンポジウム―開催報告.『国立国会図書館月報』No.494, 2002.5, p.5-11.
(4) 国立国会図書館. 納本制度審議会. <http://www.ndl.go.jp/jp/aboutus/deposit_council_book.html> (last access 2003-03-07)

■報告

国立国会図書館のインターネット資源選択的蓄積実験事業（WARP）及びデータベース・ナビゲーション・サービス（Dnavi）について
　　河合　美穂（国立国会図書館関西館事業部電子図書館課）

　本日はお忙しいところお集まりいただきましてありがとうございます。関西館が開庁して，電子図書館課が設置されたのは本年（2002年）4月のことでした。見学者，訪問者がたいへん多いので，「インターネット情報資源の収集・保存」と題してお話しする機会が多くなりました。

1. 国立国会図書館のインターネット関連サービス

```
国立国会図書館の
インターネット関連サービス

■ インターネット＝サービスの手段；窓口
    ■ NDL-OPAC、閲覧予約、遠隔複写・・・
    ■ 近代デジタルライブラリー、日本の暦、貴重書画像データベース、国会会議録・・・
■ インターネット＝サービスの目的；蔵書
    ■ インターネット資源選択的蓄積実験事業(WARP)
    ■ データベース・ナビゲーション・サービス(Dnavi)
⇒インターネットを「利用」する図書館から
　　　　　「所蔵」する図書館へ
```

　当館とインターネットのかかわり方は，徐々に変化してきました。当初は広報の一環として利用し，次にインターネットをサービス提供の手段として位置づけました。しかし，あくまでインターネットを「通じた」サービスの展開でした。

本日ご紹介するデータベース・ナビゲーション・サービス（Dnavi）並びにインターネット資源選択的蓄積実験事業（WARP）は，インターネット上の情報資源自体を目的としている点で，他のサービスとは異なります。私どもの係が対象としているのは，インターネット上の情報資源，特にウェブです。それは物理的媒体を持たず，日々更新され，消滅していくという性質を持っています。

二つのウェブ

- 表層ウェブ(surface web)
    - 主に静的なHTML等で構成
    - ロボットで比較的容易に収集可能
- 深層ウェブ(deep web)
    - データベース等からアクセスの都度、動的に生成
    - 十分な収集技術が確立せず

ウェブには二つの種類，表層ウェブと深層ウェブがあります。表層ウェブは，ウェブ・ロボットと呼ばれる自動収集ソフトウェアによって比較的容易に収集できるのに対し，深層ウェブはまだ十分な収集技術が確立していません。

二つのプロジェクト

- インターネット資源選択的蓄積実験事業 (WARP)
    - 表層ウェブを選択的に収集
    - 納本制度審議会の議論に資する
- データベース・ナビゲーション・サービス (Dnavi)
    - (主に)深層ウェブの入口までナビゲートする

　当館では,このような二つのウェブに対応する形で二つのアプローチを採用しました。すなわち,表層ウェブについては,ウェブ・ロボットによって実際に収集し,そして当館のシステム内に蓄積を行います。これがインターネット資源選択的蓄積実験事業(WARP)です。一方,深層ウェブ,とりわけデータベースにつきましては,当面技術的に収集方法が確立するまでの間,その代替としてナビゲーション・サービスを提供します。これがデータベース・ナビゲーション・サービス(Dnavi)です。

2. Dnaviについて

> ### Dnavi (Database Navigation Service)とは？
>
> - リンクによるデータベースへの案内
>   - データベース＝収集できない深層ウェブの中でも特に有用な情報資源
> - 書誌情報：タイトル、作成者、分類、内容
> - データベースのポータル・サイトとして約5,000件を収録
> - 横断検索ではない

　それではまず、Dnaviについて簡単にご紹介したいと思います。Dnaviは、収集できない深層ウェブの中でも、特に量的にも質的にも有用な情報資源であるデータベースについて、リンクによって案内するものです。あくまでリンクであって、横断検索ではありません。書誌的なデータとして、タイトル、作成者、分類、内容等を付与しています。作成者にメールで確認を取り、内容等の記述にご協力いただいております。

これが Dnavi のトップページの画面です。

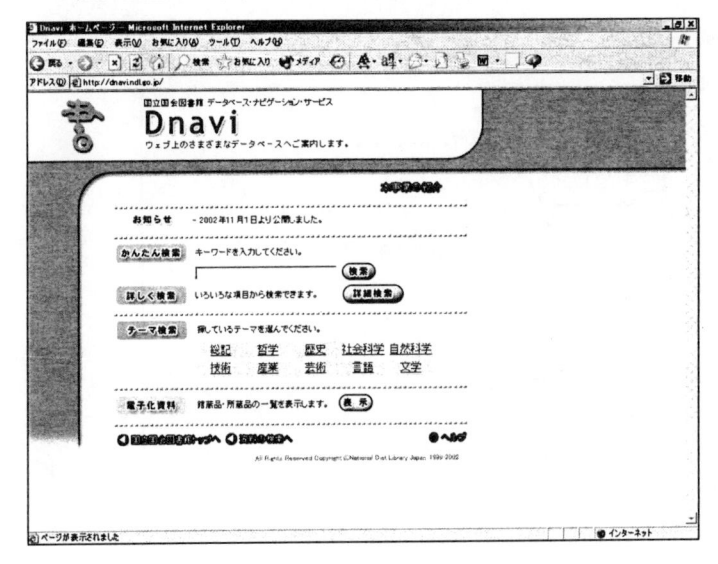

3. WARPについて
3.1 概要

　もう一つのプロジェクト WARP は，著作権者との許諾契約に基づき，インターネット上の情報資源を選択的に蓄積することによって，その情報が更新や削除等によりインターネット上から消滅した後にも，過去の情報へのアクセスを可能とするサービスです。

これが WARP のトップページです。

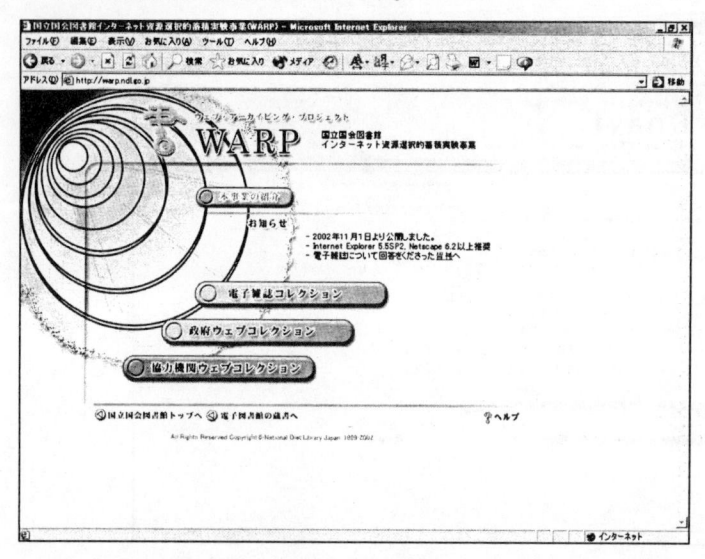

これは WARP の電子雑誌コレクションの中の,『日本全国書誌』(ホームページ版) の本文の閲覧画面です。

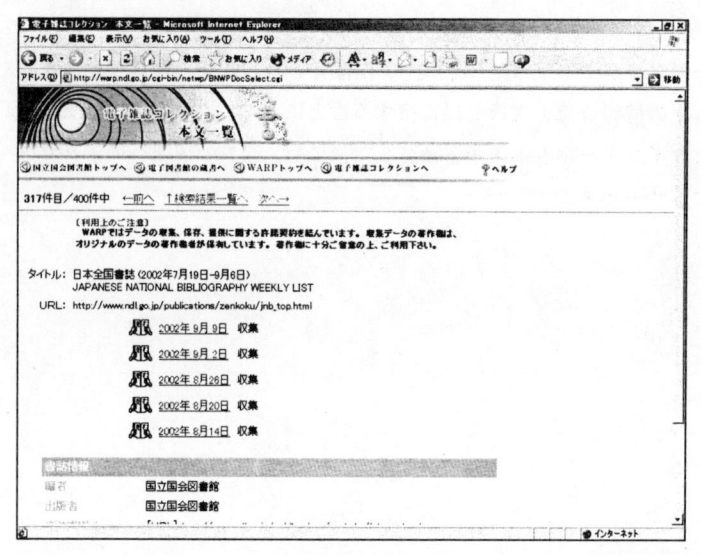

ネット上のデータは頻繁に更新されるため, 1週間ごとに再収集されたデー

タがここでは五つ蓄積されています。『日本全国書誌』(ホームページ版)は，国立国会図書館のホームページ上では毎週1号ずつ入れ替わっていきますが，WARPでは，たとえば3か月前の7月19日版の日本全国書誌をご覧いただくことができます。ここのURL「http://warp.ndl.go.jp/REPOSWP/000000000017/00000000000000023/www.ndl.go.jp/publications/zenkoku/jnb_200227.html」にご注目ください。これはネット上のデータではなくて，WARPに保管蓄積されたデータであることを意味しています。

3.2 業務モデル

WARPの業務モデルの過程では膨大な管理データが発生します。これが従来の図書・雑誌とは大きく異なります。一連の業務の流れはこのようになっています。

```
WARPの業務モデル

■ 新規収集              ■ 品質検証
   ■ 収集対象の発見        ■ トリミング、個体登録
   ■ 調査                 ■ 書誌登録
   ■ 著作権処理
   ■ 契約情報・書誌情報    ■ 再収集
     記述、分類             ■ 自動再収集、更新検
   ■ 収集・再収集条件設       知
     定                    ■ 強制再収集
   ■ 収集指示              ■ 品質検証
                          ■ トリミング、個体登録
```

WARPの業務モデルは，大きく新規収集と再収集に分けることができます。この各個所で法律的に必要な管理データ，そして技術的に必要な管理データが発生します。

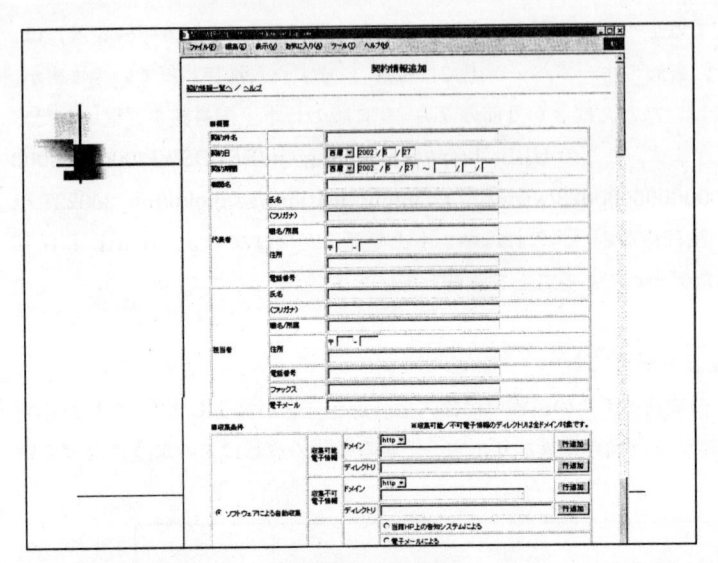

これが入力画面です。新規収集の調査では，タイトル，作成者，起点 URL，データが含まれていると想定される広めのドメインとデータを仮作成します。著作権許諾契約締結後には，相手の機関名，責任者の氏名，連絡先等を入力します。ネット上の情報は変化していくために，個人が異動しても組織が改組されても，常に連絡が可能であるように努める必要があります。

　収集，再収集の条件に関わるものとして，現在は，基本的にソフトウェアによる自動収集ですが，将来，媒体投入等の方式を開発しますと，その選択が加わります。その他の条件として，相手の機関が指定してくる収集可能ドメイン，またはディレクトリ，それから収集不可のドメイン，またはディレクトリ，いずれも複数あれば複数入力します。

　そのほかロボットの動作条件としまして，リンクの深さ指定，収集プロセス動作時間，アクセスエラータイムアウト，収集間隔，また1ファイルごとの更新チェック頻度を指定します。さらに再収集頻度を決めなくてはなりません。

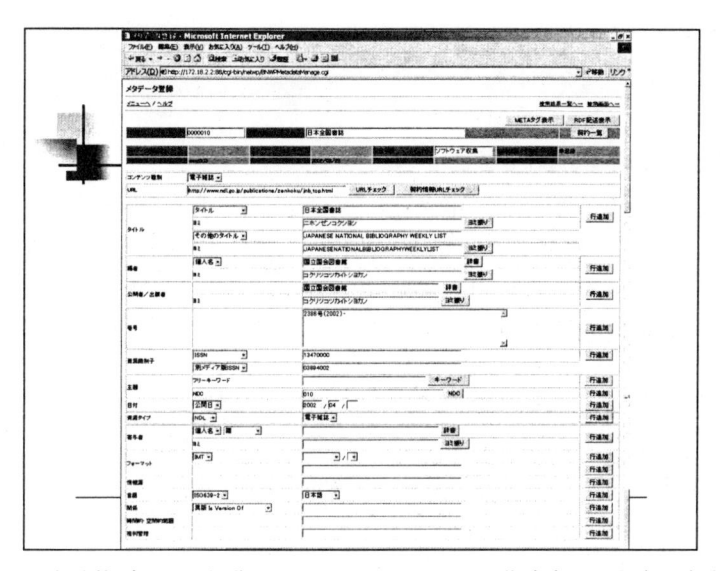

[図]

　書誌的データの編集はその後で，タイトル，作成者，公開者，内容記述，資源識別子，主題のNDC（日本十進分類法），日付の公開日，そして（国立国会図書館独自の）NDL資源タイプ等を入力します。

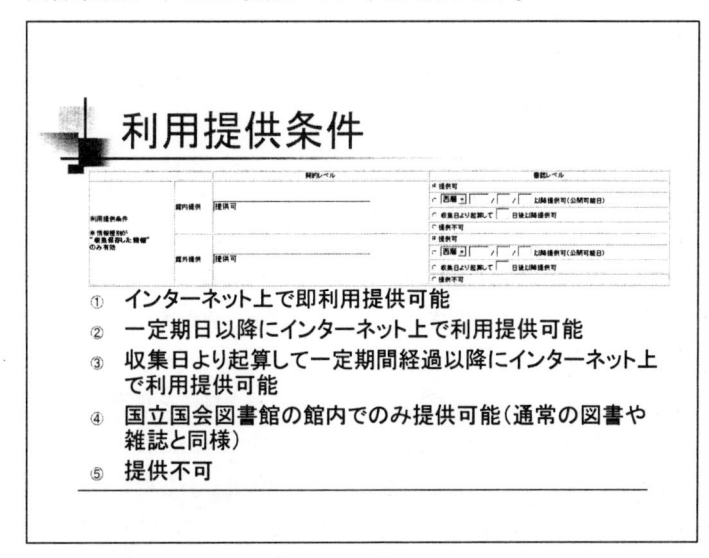

[図：利用提供条件]

① インターネット上で即利用提供可能
② 一定期日以降にインターネット上で利用提供可能
③ 収集日より起算して一定期間経過以降にインターネット上で利用提供可能
④ 国立国会図書館の館内でのみ提供可能（通常の図書や雑誌と同様）
⑤ 提供不可

　利用提供条件の指定は著作権者が行いますので，それを入力します。館内限

定か，インターネット上で公開可能か，これらもすべてデータとしてシステム上で持っていることになります。

3.3 収集・組織化における課題

　WARPには膨大な管理データが必要であることをご紹介しましたが，次に収集のためのデータの課題についてご紹介します。

　ウェブ情報では粒度をどのように考えるか，どういうものを1単位としてデータを作成するのかが難しいと言われています。正解はないので，サービスの目的によって決めていくことになります。

```
┌─────────────────────────────────────┐
│          ○○○協会の刊行物            │
│  ┌────────┐ ┌────────┐ ┌────────┐   │
│  │■機関誌 │ │■ニュース│ │■情報誌│   │
│  │「○○○」│ │「●●●」│ │ △△△ │   │
│  ├────────┤ ├────────┤ ├────────┤   │
│  │・○○○ │ │        │ │・△△△│   │
│  │        │ │ ●●●  │ │        │   │
│  │        │ │ 第5号  │ │        │   │
│  │        │ │        │ │        │   │
│  └────────┘ └────────┘ └────────┘   │
└─────────────────────────────────────┘
```

　WARPの電子雑誌には，一つの画面に3タイトル掲載されているものがあります。たとえば，この三つの電子雑誌のうち，許諾を得たのは真ん中の「●●●」という電子雑誌のみであるとしますと，この画面を「●●●」の電子雑誌の本文であるということにしています。

　このような場合は，三つの電子雑誌について収集データ自体を重出して，それぞれトリミングを行っています。歯抜けのような状態ですが，契約で最低限のファイルしか収集しないようにしているためです。利用者からの見た目では，収集ロボットの不具合なのか契約なのか理由は不明です。このあたりにウェブ情報を1タイトルごとに収集整理する難しさがあります。

さらに，ネット上の情報は更新されていきます。この三つの電子雑誌も同じ頻度で更新されているわけではないため，収集作業も別々に行うことになります。では，粒度を巻号単位にすることができるでしょうか。中には巻号で並べているのではなくて，記事の単位，コラムやコーナーなどの単位でまとめてネット上で掲載しているものもあります。

　あるタイトルの雑誌では，話題の記事の紹介という形で，巻号の区別なく記事の一覧を表示しています。雑誌のように見えるものでもよく見るとウェブはウェブであり，雑誌としてのアプローチで対応できない部分があります。

　また，対象タイトルが画面上で見つけにくく，別のタイトルが大きく出ている例があります。肝心のタイトルは探し回らないとわからないのです。このページでは，電子雑誌の各号について直接トップページからリンクが張ってあるため，電子雑誌だけのページというのは存在しない形になっています。

　そのほか個別の契約情報の要素に関して，許諾を依頼する段階では仮データでしかありません。図書の整理と違って，一つ一つ作成者にたずねています。作成者の情報をもっともよりどころとしています。これは書誌的な要素を含むと同時に契約の問題です。何を対象としているのか，どの範囲で提供するのかといったことに神経を使います。間違えると他人の財産権侵害になるので，細心の注意が必要となります。事業を行うために作成者から提供されたさまざまな情報を管理することの国立機関としての責任は重大であると考えます。

次に検索用のデータの話をいたします。

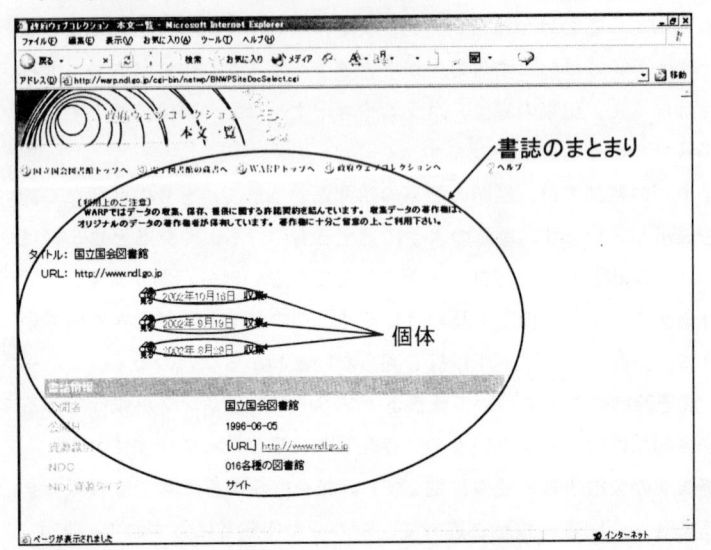

　WARPでは書誌と個体という概念があります。タイトルごとのひとまとまりを書誌と呼び，その書誌の配下にある個々の時点において再収集したファイル群のまとまりを個体と呼んでいます。たとえば，ウェブサイトに関して，タイトル「国立国会図書館」，作成者「国立国会図書館」と書誌データを付与してはいるものの，それだけでは検索に役に立ちません。WARPで今後徐々に増えていく個体の中をどのように検索すれば便利なのかということを考えなくてはなりません。この個体が時系列に蓄積されていくので，さらに問題は複雑となります。

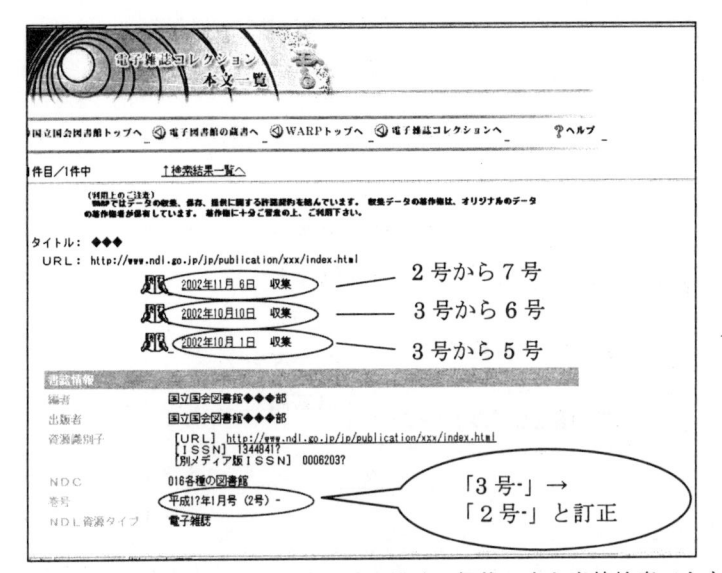

具体例の一つを見てみます。電子雑誌の個体の中も当然検索できない状態になっています。

　ネット上では将来に向かって新刊が公開されていくばかりではなく，遡及して電子化され，公開されることもあります。たとえば，一つ目の個体では3～5号までアーカイブし，二つ目の個体では3～6号までアーカイブした。三つ目の個体は遡及して公開されていたため，2～7号までアーカイブしたとします。書誌データのレベルでは，「3号-」を「2号-」に変更しますが，利用者側からすれば，2号を見るためにはこの三つ目の個体を見なければ見ることはできません。アーカイブド・ウェブについては，さまざまなナビゲーションの工夫が必要となるでしょう。

　さらにWARPでは収集日のデータが必要となります。過去の情報を蓄積している以上，利用者にいつ収集されたのか，いつの時点での情報なのかというデータを明示しなければなりません。

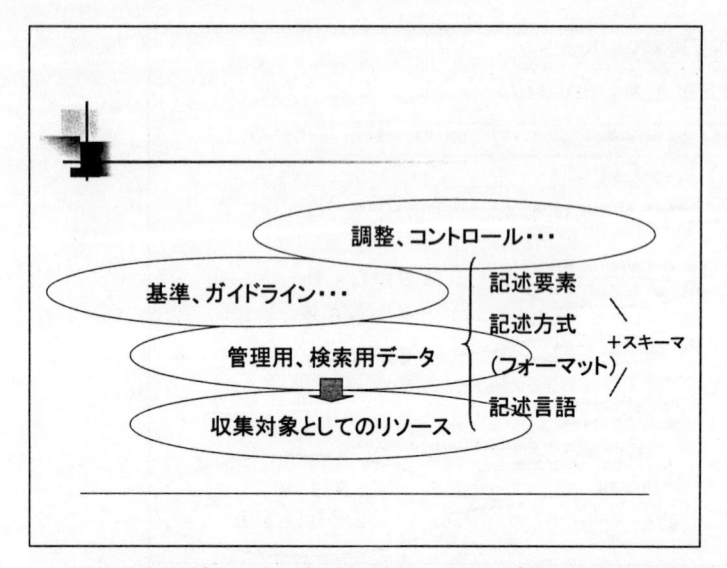

```
        調整、コントロール・・・
                           記述要素
   基準、ガイドライン・・・
                           記述方式
                                   ＋スキーマ
     管理用、検索用データ    (フォーマット)
                           記述言語
     収集対象としてのリソース
```

　いろいろとお話ししましたけれども，イメージ図でまとめますと，収集対象としてのリソースの決めの難しさとして，粒度の問題を取り上げました。それから管理用データが複雑であり，検索用のデータが不十分な問題を取り上げました。

4. さいごに

```
WARPの目指すべき方向性
  ■ 目標
    ■ 納本制度審議会での検討に役立てる
    ■ 業務モデルの確立／コストの把握
    ■ 法・制度のあり方／基準の策定
    ■ 作成者・利用者に対する理解促進
  ■ 理念
    ■ 文化資産としてのウェブのあるべき姿
    ■ 国として取り組む必要性
    ■ 国民的合意の形成
```

　正直申しまして，収集対象のレベルでの課題が多いために，書誌調整や典拠コントロールのレベルまで到達できておりません。また，ウェブのコミュニティにおいて相互運用性の高いサービスを行うためには，記述要素の面以外にも配慮しなければならないもの，特に機械が読める形で厳格に決めておかなければならないものがありますが，十分な対応ができておりません。本日列挙した課題以外にも，より技術的な課題，または法律的な課題は，収集・提供・保存の各レベルにあります。ウェブの技術は，少しずつ作り上げていった技術からまだ完成していない技術までさまざまです。小規模な実験から応用して，研究と実装を重ねていく必要があると思います。

　こうしたプロジェクトの中で，私どもは図書館というものが誕生したころを疑似体験している気分でおります。また，同時に書誌情報というものの原点に立ち返って顧みるよい機会であると思っています。

■報告

国立情報学研究所の
メタデータ・データベース共同構築事業について
　　杉田　茂樹（国立情報学研究所開発・事業部コンテンツ課）

　国立情報学研究所の杉田と申します。
　お配りした資料ですが，「第2部　収録対象と採録の基準～機関内のリソース」と「第4部　記述要素」は，今回の事業で実際にデータ作成を担当されている大学の図書館職員の方に配布している入力マニュアルの一部です（付録2）。本日の話題に関係しそうな部分を抜粋してきました。

1．概要
1.1　目的
　NII（国立情報学研究所）のメタデータ・データベース共同構築事業の経緯ですが，平成11年からNIIではネットワーク上の情報資源の取扱いについて検討を開始し，平成12年度にかけては，まず電子ジャーナルを取り上げました。電子ジャーナルについては，ご承知の通り，NIIの総合目録データベース（NACSIS-CAT）のほうで雑誌として扱えるよう，ルール整備等を行ったところです。電子ジャーナルが一段落しましたので，平成13年度からは，電子ジャーナル以外のネットワーク上のコンテンツについて，ワーキング・グループ（作業部会）を立ち上げ，検討を始めました。このワーキング・グループで現在まで1年半にわたって検討してきました内容に基づいて，平成14年10月からこの事業を始めています。
　当初は，世界中のネットワーク上の情報資源をどう組織化してサービスに結び付けていくかという文脈で検討を進めてきたのですが，昨年度末から位置付けが若干変わり，現在，この事業は，大学等からの情報発信支援を主な目的としています。実際的には，全国の大学等の図書館などで分担して，ネットワーク上の情報資源のメタデータを作成し，データベース化していくという事業になっております。

1.2 作成対象

メタデータの作成対象は，今申しました通り，ネットワーク上の学術情報資源です。特に，各担当者が自分の所属する機関内の情報資源をまずは対象として，大学として情報発信をしていこうというのがこの事業の全体像になっています。

2. 背景

その背景となっているのが，ここに挙げた「審議のまとめ」[1]です。平成14年3月に，科学技術・学術審議会研究計画・評価分科会情報科学技術委員会デジタル研究情報基盤ワーキング・グループがまとめた資料です。

直接関係する部分は「2. 学術情報の流通基盤に関する基本的方策」の章と「3. 学術情報の円滑な流通を図るための当面の具体的方策」の章です。「当面の具体的方策」の部分で，大学に期待される役割として，電子的な情報の散逸を未然に防ぐこと，これを固定して蓄積していくこと，さらにメタデータを付与してそれを発信していくことが挙げられています。これを背景として，本研究所の事業では，大学等からの情報発信ということをまず第一の目的にして，全国の大学等にデータ入力にあたっていただいています。

3. 内容
3.1 収録対象と採録の基準

では，おおよその内容をご説明します。

今回の事業では，ネットワーク上のよその情報資源を対象とするわけではなく，自分の所属する機関，言わば身内の発信している情報のメタデータを作成するということで，情報の発信源に非常に近い位置で，担当者がメタデータを作成することになります。そういうこともあり，本事業では現在のところ，詳細なルールを定めて「こういったデータを作成してください」という行きかたは採らず，なるべくデータ作成担当者の裁量できる範囲を広くすることによって，結果として，粒のそろった客観的な目録という以上に，大学の広報とかアピールになるような自発的な，積極的なデータができていくとよいと考えております。

収録対象と採録の基準について，詳しくは，マニュアルの「第2部 収録対象と採録の基準～機関内のリソース」（付録2）に掲載していますが，およそ大学の研究成果，研究資源，研究者・研究室情報，教育情報，広報資料，図書館，デジタルミュージアム，参考情報を対象とすることにしています。採録にあたっては若干の基準を設けていまして，内容，信頼性，鮮度について評価をした上で採録することにしています。と申しましても，情報資源の中身そのものを評価するというわけではなく，例えば，アクセスが安定しているか，などの比較的外面的な部分についての評価をお願いしています。

3．2　NIIメタデータ記述要素

次に，NIIメタデータ記述要素についてご紹介します。これは詳しくはマニュアルの「第4部　記述要素」（付録2）に掲載しています。NIIメタデータ記述要素は，基本的にDublin Coreに準拠していますが，Dublin Coreと異なっている主な点を三つご紹介します。

一つは，NACSIS-CATの著者名典拠ファイル上にある人名や団体名をメタデータのCreatorなどに記録するときに，NACSIS-CATの著者名典拠ファイルとリンクさせ，典拠ファイルに記録された統一標目形を使用する点です。これによって，著者名典拠ファイル上の別の表記形などからも検索できることを狙いとしています。

二つ目は，TitleエレメントやCreator等の人名，団体名系のエレメントが日本語の場合はヨミを付けることとしています。

三つ目は，「NII資源タイプ」というもので，Dublin CoreのTypeエレメントにNII独自のスキームを定めたものです。本事業では，マニュアルの「第4部　記述要素」の「8.4 注」にある通り，NIIとDCMIをそれぞれスキームとして資源タイプを記録することとしています。DCMIのほうは，ご存知の通り，textあるいはimageといった，DCMIが定めるタイプリストです。NII資源タイプは「8.4 注2」の表をご覧ください。このNII資源タイプは，「収録対象の基準」と直接呼応するもので，そのメタデータの表わす情報資源が論文であるか，あるいは研究室のホームページであるかといったことを表現できるようにしているものです。

以上がDublin Coreに対してNIIメタデータ記述要素で独自に拡張している部分です。

3.3 入力システム

次に，入力システムをご紹介します。

NIIのホームページにメタデータの作成画面を設け，大学の担当者がそこへ直接接続してデータを作成することにしています。情報資源の内容は，日本語もあれば英語や中国語，ドイツ語などもありますので，これら多くの文字種を扱えるよう，データベースはUCS文字セットを採用しています。

4. 現況

次に事業の現況をご報告します。資料をご覧ください。

資料　メタデータ・データベース共同構築事業の現況

□参加機関数 152 機関
　（国立大 37，公立大 8，私立大 64，短大 13，高等専門学校 6，その他 24）

□登録データ件数 10,152 件（平成 14 年 11 月 20 日現在）
　※下記の一括登録データを含む．
　・北海道大学北方資料総合目録データベース（5,043 件）
　・東京工業大学電子図書館理工系インターネット・リソース（2,909 件）
　・岡山大学池田家文庫（1,007 件）

(1) Subject 付与の状況

	付与レコード数	付与件数	付与件数／付与レコード数
NDC	3,626	5,568	1.53
LCSH	37	50	1.35
BSH	11	11	1.00
NDLC	4	4	1.00
（フリーワード）	6,339	7,826	1.23

いかなる Subject も与えられていないレコード：1,090 件

(2) 資源タイプ別内訳（未入力以外は重複あり）※一括登録データを除く

研究成果·論文	74	教育情報·講義情報リスト	7
研究成果·論文以外	22	教育情報·電子教材リスト	4
研究成果リスト-プロジェクト関連情報	4	図書館情報-図書館·室トップページ	24
研究成果リスト-論文リスト	11	図書館情報·図書館資料	9
研究成果リスト-講演会等	6	デジタルミュージアム	8
研究成果リスト-逐次刊行物	8	参考情報·データベース	11
研究者情報·個人のページ	49	参考情報-メーリングリスト	1
研究者情報·研究室トップページ	94	参考情報-リンク集·電子ジャーナル集	16
研究者情報-研究者情報データベース	3	参考情報-文献目録·文献索引	6
研究者情報·研究者情報リスト	30	広報資料·下部組織トップページ	23
研究資源·ソフトウェア	5	広報資料-機関トップページ	22
研究資源·データ	50	広報資料·機関広報資料	35
研究資源·電子的辞書等	3	未入力	963

　10月から運用を開始して2か月近くが経過したところですが，現在，国立大学37，公立大学8，私立大学64，ほかに短大3，高等専門学校6，その他24，以上合計152機関の参加をいただいています。「その他」には公立図書館や民間の図書室などが含まれます。

　平成14年11月20日現在で10,152件のメタデータが登録されています。ただ，1万件と申しましたが，この中にはここに挙げた北海道大学，東京工業大学，岡山大学といった大学が，電子化資料やネットワーク上の情報資源について先行して作成していたメタデータを一括導入したものが，約9,000件あります。ですので，実際に手作業でこの数か月の間に入力された数は約1,000件です。

　この1万件について，どのように主題情報が与えられているかを表で挙げてあります。この事業では，なるべく多くのSubject，つまり件名や分類を与え

て，アクセスポイントを増やしていきましょうとお願いしていますが，これまでのところ，NDC分類が多く与えられており，また，特に統制語を用いずにフリーなキーワードを与えられているレコードも数多くあります。

次にNII資源タイプの内訳をご覧ください。一括登録以外の約1,000件については，論文が74，研究者の情報が49，研究室のページが94というように，論文や，人物についてのページが多く入力されています。

以上が現在のところの事業の状況です。

5. 今後の予定
5.1 一般公開

では今後の予定についてお話しします。

先ほどDnaviとWARPを拝見しましたが，NIIのこの事業の一般利用者向けの画面は現在開発中で，平成14年度内の公開を目標にしています[2]。

NIIは現在WebcatやNACSIS-ELSなどのサービスを行っていますが，これらを取りまとめた入り口としてGeNii (NII学術コンテンツ・ポータル) を構築中です。このメタデータ・データベースについても，このGeNiiの1コンテンツとして提供を予定しています。提供にあたっては，メタデータ中のSubject, Typeエレメントを軸として，利用者が求めるものを的確に検索できるユーザ・インタフェースにしたいと考えております。

5.2 データ交換

一方，データの作成についての将来像としては，先ほどの「審議のまとめ」でも触れられていたように，大学側での電子的な情報の保存・蓄積ということが話題になっています。機関として情報資源のリポジトリを構築して，これに取り組んでいこうという動きもあると伺っています。

したがって，現在は個別に担当者がこちらへデータを1件1件入力するというスタイルで運用していますが，将来は，大学側で構築される機関リポジトリとの間で，一括的に，自動的にデータ交換をすることによって，双方ともが豊かになっていくという形が望ましいと考えております。先ほどの杉本先生のお話にも出ましたOAIのハーベスティング・プロトコルをこのデータ交換に用

-64-

いる予定で，現在準備を進めているところです。

6．課題

最後に課題をいくつか挙げます。

最初の3点は，この場で課題として挙げるのは適当かどうかわかりませんが，事業の運営上の課題です。まず1点目は，登録データ数がまだまだ少ないという点です。現在，152機関が参加し，手入力で1,000件程度のデータが出来上がっていますが，この152機関のうち，実際にデータを入力している機関はかなり少数であるというのが実状です。参加はしたが，まだ実際のデータ作成には取り掛かれていないという参加機関が少なからずあります。こういった参加機関に対して，データ登録を進めてもらえるように，データ作成等についての説明会を実施する，あるいは，データ入力例を盛り込むなどしてマニュアルを充実させるなど，なるべくデータ入力が進むような働きかけをしていきたいと考えています。

次に，アクセスポイントの充実についてです。Subject, Description等のなるべく豊かなデータを登録することが大学の研究成果のアピールにつながるのだという考え方で，参加機関の方にはできるだけアクセスポイントの充実に努めていただきたいと考えております。

一方，先ほど三つの大学から一括してデータを提供していただいているということをお話ししましたが，他にもいくつかの大学から，今持っているデータを一括提供したいという照会が来ております。現在具体的に話を進めている大学以外でも，潜在的にこういったデータ交換が考えられるコンテンツを持った機関は少なからずあると考えられますので，これについても積極的に進めていきたいと思っています。既存のデータの場合は，NIIメタデータ記述要素とはデータ要素も違いますし，また，本事業の「収録の基準」とは違う基準に基づいたデータが含まれていることも考えられます。が，そういった点は可能な限り許容し吸収する方向で，できるだけ多くのデータをやりとりできるような態勢で臨んでいきたいと考えています。

最後に，機関外のリソースへの対応についてです。具体的には，大学等以外の機関の学術情報資源の扱いですが，これについては，本事業内で分担入力作

業を行うのではなく，外部の情報サービス機関ですでに同種の事業が行われていれば，そちらと協調しデータ交換をすることでデータ充実を図るという方法もあるかとも考えています。NIIはまた，このメタデータとは別に研究紀要ポータルという事業を行っています。こちらはメタデータのみでなく一次情報そのものを蓄積していく事業です。これらNIIの事業は，DnaviやWARPをはじめ，さまざまな機関の事業と重なる部分があるかと思いますので，機関を超えての協調関係のあり方など，今後の課題として考えていきたいと考えております。

注
（1）文部科学省科学技術・学術審議会研究計画・評価分科会情報科学技術委員会デジタル研究情報基盤ワーキング・グループ．学術情報の流通基盤の充実について（審議のまとめ）．2002.3，<http://www.mext.go.jp/b_menu/shingi/gijyutu/gijyutu2/toushin/020401.htm>（last access 2003-03-07）
（2）2003年3月末現在、「大学Webサイト資源検索（Junii 大学情報メタデータ・ポータル試験提供版）」という名称で試験提供されている（http://ju.nii.ac.jp/）

■質疑応答

Q.1 公文書館のデジタル化で今一つ問題になっているのは，プライバシーの保護です。インターネット上でデータが集まっていくと，思わぬ形で個人情報が収集されていくのだと思います。アメリカでも今，過去の裁判記録等のネット上での公開について問題になっていますので，特に国立国会図書館は，図書上にあるプライバシー情報をネットに上げてどうやって保護していくのか，それについて何か検討されたのかをうかがいたいと思います。それからメタデータにおいて，この問題はどのようになっているのでしょうか。

A.2（国立国会図書館） 人格権，あるいは著作権もそうですけれども，それをどうウェブアーカイブの中で考えていくかというのは課題になっています。今の状況ではまだ「選択的蓄積実験事業」と言っているように，なるべくそういうことに関係しない行政情報，あるいは学術情報といった，許諾を得た電子雑誌というふうな形を取っています。許諾を得ることで，当館が複製し蓄積することについては著作権処理を行っているわけですが，著作権自体はもちろん作成者にあります。
　今問題となっているのが，収集し提供している情報について苦情が出た場合どうするか，また処理体制をどう考えるかです。今のところは確かに許諾に基づいて進めているので，作成者から苦情が出た場合はそれを削除するなり公表をとりやめなければいけないというふうに考えてはいますが，第三者から苦情が来た場合はどうなるか。そのような基準については，これから検討していくことになります。しかし，今のところは絶対的な決め手はないという思いで，慎重に進めています。

Q.2 杉本先生に質問です。Audience（利用対象）をエレメントに加えるということが DCMI の公式ページにずっと提案という形で出ていましたけれども，これは公式決定の方向になるのでしょうか。というのは，公共図書館などでは，児童書，青少年，一般というような利用対象によって資料を区分しています。今後メタデータを地域レベル，公共図書館レベルで付与していく場合，

-67-

また学校関係に情報提供する上で,「利用対象」はかなりポイントになると思われます。IEEE LOM のメタデータにそういった区分があることもあって,Audience というのは非常に重要であると教育関係者からは言われています。

A．2（杉本）　Usage Board で決めていますので永田先生のほうが適当だと思いますけれども,2001 年の 7 月ぐらいに,Audience を正式な推奨エレメントとするというアナウンスがありました。Audience に関連する限定子もあります。Simple Dublin Core の 15 エレメントの中には入っていないのですが,DCMI としては 16 番目の推奨エレメントとして認めています。

■討議

コーディネーター：那須　雅熙
（国立国会図書館書誌部司書監）

那須　まず，皆様から現状報告をしていただきたいと思います。

森山　これまで発表された方々は，学術ソースを主なメタデータの対象として研究あるいは実践されています。一方，公共図書館では地域や一般住民にどういうサービスをしていけるかという視点から，メタデータの作成，提供を考えています。杉本先生が講演の中でおっしゃったように，図書館をコアとしながらも図書館だけにとどめない取組みを実践すべく，一般の方に利用していただくだけでなく，データの登録などにも参加していただくというような，Dublin Core 本来の草の根参加型の性格を生かすように今後検討していけないかなと思っています。

　地域について考えてみますと，図書館では主題といえば NDC で分類しますが，NDC だけでは地域は区分できかねるところがあります。町とか村とか，そういった部分はどうするか。それについては，Coverage が今後どのように標準化され，入力基準が定められていくかということについて，大いに議論されていくべきなのではないかと思います。

　岡山県では，図書館だけではなくて，県レベル，全庁レベルでメタデータ登録を試行的にやってみました。その際，NDC による分類が一般の人になじむか，日本独自の，たとえば振り仮名をどのように振っていくか，名前と名字の間はスペースなのかカンマなのかというような細かい問題が挙がりました。

　今申しましたように，研究者向けの学術ソースとはまた別に，一般の方や多様なレベルを対象に，地域への情報提供サービスと地域から戻される情報が循環するような実践を今後考えています。

山崎　秋田県立図書館では，今いくつかのデータベースを提供しています。書誌データベースはかなり前からやっているのですが，最近始めたところはレフ

ァレンスデータベース，それから索引データベースです。これは新聞とか地元雑誌についての索引のデータベースです。画像データベースも3，4年前から立ち上げています。その中に音声とか動画などのファイルも置いてあります。これらのデータベースは自館作成で，FreeBSD [1] と PostgreSQL [2] を使ったものです。これらは将来的に，オープンソースという形で地域コミュニティの中で使ってもらうことを考えています。いくつかの図書館に参加を呼びかけてもいいかなと考えています。実践の中でやっていかないと，先ほど森山さんがお話ししたような形の標準化は難しい。実際にやってみますと，確かにデータの正規化の問題，あるいは先ほども出たのですが，プライバシーの問題が出てきます。レファレンスなどは名前などが出てきますので，何千件のデータから問題のある部分を手で削除したのですが，かなりの作業でした。これが膨大な作業になるので，単純に集めていけばいいかどうかという問題も考えられると思います。ですからある程度のレベルのところで集積して標準化していくことを考える必要があるのではないかと思っています。

　もう1点は，民間の機関，あるいは最近は個人でもデジタル化を始めています。小学校，中学校などでもかなりのデジタル化が起きていまして，これらをどうアーカイブしていくかということがあると思います。たぶん国立国会図書館さんとかNIIさんではこれらを集めていくというのは難しいのではないか。地域の核としての公立図書館の役割を今後考えていかなければいけないかなと感じています。

阿部　先ほどからいろいろなお話を伺っていて，図書館での情報の収集がここまできたのかというのが正直な感想です。

　東京都立図書館では，レファレンスの回答などにインターネット情報を利用することはありますが，それらの情報をどのように収集し蓄積していくかというところまでは館としてまだ方針が決まっておりません。

　毎年紙媒体で出ていたものがなくなり，インターネット上でしか情報が入手できなくなっている現状に対し，行政資料を多く収集している都立中央図書館の東京室を中心に，今年検討会がスタートしたところです。

　インターネット情報についても，総合目録という観点から考えて，今後国や

各自治体等で役割分担をしていくことが必要かと思います。都立図書館としては，現在紙媒体で収集している東京都関係（東京都の行政資料・東京に関する資料・都内の各自治体が発行している資料）については，責任を持って収集・整理していきたいと考えています。

しかし，こうした事業は図書館だけでは難しい面もありますので，いずれは東京都の総務局等と話し合いの場を持ち，日々更新されていくこれらのインターネット情報を図書館でどのように収集・整理・保存していくかについて検討していきたいと思います。

林 私ども農林水産研究情報センターはどちらかというと研究支援がメインですので，そのあたりを主にお話しさせていただければと思います。

私どもは主に農林水産研究情報にかかわる情報の収集と提供サービスということで，おおむね25年ほど事業をやっておりまして，古くは「日本農学文献記事索引」等の作成と提供を通じて，主に農学関係の文献情報の収集と提供を主な業務としていました。最近はインターネットを活用した「AGROPEDIA（農学情報資源システム）」，農学関係にかかわる情報提供サービスを包括してそう呼んでいますが，農学に関する百科全書というようなイメージでの情報提供を進めているところです。

メタデータ等についても，一部試行的にデータ構築を行っているほか，各種のインターネット上の情報資源の収集ということでは，まず検索エンジンを作ろうということで，「検索システム農林一号」という名前のサーチエンジンを作って，ロボットによる自動収集とデータベースの提供をさせていただいています。データがたまると今度はデータの整理をしなければいけないということで，現在「農林水産関係インターネット資源への道」というナビゲーションサービスを10月から始めたばかりです。農林水産研究に関連したサイトへのナビゲーションサービスで，今は国内の124サイトを登録しています。

またNIIさんの事業にかなり似ているのですが，国公立農業関係試験研究機関等のインターネット上の情報資源についてのメタデータのデータベースサービスも，現在計画しているところです。

また同時に，昔は目録情報ということで書誌情報的な部分だけを提供してい

たのですが，全文情報へのニーズが高いということで，農水省の試験研究機関が発行していた研究報告類，これは古いものですと明治期から過去100年分ぐらいあったものの電子化の事業も並行して進めていまして，これがほぼ完了しております。今後は公立の研究機関のほうにも協力をお願いしまして，許諾の取れたものから順次電子化して提供するといった事業も計画しています。

また，メタデータの関連として，今，国連食糧農業機関（FAO）で，世界での農業情報の一元的な収集と提供ということで，やはりメタデータを活用した情報サービスの提供を考えています。日本においても農林水産研究情報センターが中心となり，農学情報の国際的な流通事業に参加するため，データの作成とか流通方法等についての検討を進めているところです。

また，これは国立国会図書館さんの事業とかなり似ているのですが，インターネット上の情報資源が散逸しやすい，なくなりやすいということで，保存する事業とインターネットアーカイブの事業をここ3年ほど進めています。データがだいぶたまってきていまして，これについてメタデータの付与を現在検討しているところです。

牟田 先ほどご紹介いただいたとき「文書館（もんじょかん）」と言われたのですが，実は「国立公文書館（こくりつこう"ぶんしょかん"）」です。このあたりが非常に重要な問題を含んでいます。「もんじょかん」と呼ぶのか「ぶんしょかん」と呼ぶかで，関係者の中で非常にもめておりまして，簡単に言えば，「もんじょかん」と言う方の意識は，古文書です。すべてを残し，すべて保存する。「こうぶんしょかん」は実はすべて残せないので，9割方以上廃棄をしていかなければならない。むしろ廃棄をする基準をどうするかというのが非常に重要な役割を持っています。

「アーカイブ」という言葉がいろいろなところで使われ始めています。先ほども「アーカイビング」という言葉が出てきたのですが，実はインターネット上で使われている「アーカイビング」と本来アーキビストの中で言われている「アーカイブ」という意味にずれが起きてきている。先日出席した ICA（International Council on Archives：国際文書館評議会）の会議でも，これをどうしようか，言葉の統一をする必要があるのではないかという議論がござ

いました。

　ICA というのは IFLA を思い浮かべていただければいいと思います。先ほど DCMI のお話でもあったのですが，そういうグループを安定化させていこうとすると国の予算が必要です。日本ではアーキビストという職業が成り立っていないという現状で，公的な資格制度もありません。筑波大学等にやっと講座がある程度のレベルです。

　1999 年にアジア歴史資料センターができまして，国が持っている公文書の画像データを，インターネットでいつでもだれでも無料でデータをダウンロードできます。本日現在で 230 万画像，16 万件の目録を提供しています。

　一番ネックになったのは画像提供ですが，本日は目録のほうのことだけ紹介させていただきます。アーカイブというか公文書館では，統一した目録基準のようなものは一切ありませんでした。何とか作らないとだめだということで，ここにいらっしゃる杉本先生や永田先生などにご協力いただきました。最終的には，世界的な文書館の国際標準となろうとしている ISAD(G)（General International Standard Archival Description：国際標準記録史料記述）[3] という階層構造に分けて文書を記載していく方法と，Dublin Core を抱き合わせました。日本の現状を考えて，できる部分だけの要素を取って 16 項目と内部管理項目 5 項目の合計 21 項目のデータ項目を作成して，現在提供しています。

　問題点は，Creator の問題，作成者をどうするか。たとえば公文書ですと，外務省が日本から発信している文書は，厳密に取ると Creator が全部外務大臣になりますし，海外から来る文書の Creator はだいたい在外公館の公館長，大使または公使になります。そうすると，研究者にほとんど意味をなさない。では起案者を記録するのか，たとえば課長補佐が起案したら役職まで記録するか，そこまで記録しなければならないのかというところで，実は歴史研究者との間で議論があります。我々としてはできるだけ標準化したいと思っています。

　「内容記述」の部分ですが，図書館の場合，解題を書くなどというときには専門家がいると思いますが，公文書館には専門家がいません。そこで，各文書の本文の先頭 300 文字程度からキーワードを抽出しようということにしたのですが，取りあえず先頭 300 文字を全部記入することにしました。その結果おもしろかったことは，予想だにしない検索結果，たとえば「カルピス」という

件名で入れますとちゃんとヒットしますし,「動物園」でもヒットしますし,非常におもしろい結果が出ます。

問題点は,先ほど言いましたプライバシーの問題です。犯罪関係資料がかなりあります。そういうものをウェブ上でどう紹介していくかというのが,いま課題になっています。

那須 ここで,これまでどういうことが問題として提起されたのかということを整理してみたいと思います。

まず永田先生から以下の点。
・異なるコミュニティ間の相互運用性
・これまでの図書館のレガシー(たとえば目録規則の意味と構文等)を整理する必要性
・アーカイビングおよびアクセスの手法の開発
・ハーベスティング
・メタデータの活用(レファレンス・リンキング等)

次に杉本先生から以下の点。
・DCMES における概念整理
・メタデータ規則の流通(メタデータ・スキーマ・レジストリの構築等)
・日本国内における Dublin Core 検討組織の必要性

国立情報学研究所および国立国会図書館の事業報告では,以下の点が課題として挙げられました。
・アーカイビングにおける書誌データおよび管理データのありかた
・ウェブ情報特有の問題(粒度等)
・識別子の活用
・アーカイビングにおけるデータ提供方法
・メタデータ収集・交換手法(OAI プロトコル等)

まずは,相互運用性ということでの議論をしていただければと思います。

入江 非常に夢のような話がいっぱいあって,ぼくの知っている現実とはずいぶん違うなと思いながら聞いていたのですが,まず私立大学の状況を報告しま

す。私立大学はこの数年間の図書館の費用と人員削減でずいぶん人が減っていますし，目録データはほとんど大学では作っていないのではないかと思われるぐらい外注化が進んできています。今回のNIIのメタデータ・データベース共同構築事業については，慶應も参加してはいますが，現実的には作業が進んでいないという状態です。それは人がいないという問題もありますが，学内情報発信という形の中で図書館がどういう役割を果たしていくのかということについて，学内のコンセンサスが取れていません。それは一方で研究助成室とか研究支援室という部隊が研究をまとめているという状況があり，図書館というのはどちらかというと情報を集めてきて大学内に出すのはやってきましたけれども，学内で情報を取ってくるという仕事はほとんどやったことがないので，そういうコンセンサスが取れていない。その中でどうやって組織を作っていったらいいのか。またそれに対して予算がつくのか，人がつくのかという現実的な問題が論議されています。そういう意味ではいろいろな旗が立っていてアドバルーンは上がっているけれども，現実的に何が進んでいるのかというと，はっきり言って進んでいないと思っています。

　Dublin Coreの問題をめぐって言えば，Dublin Coreというスキーマを使って実際にカタロガーにデータを作らせると，こんなに難しいスキーマはないと言われます。だいたい入力規則がバックにないデータ入力にいったいどんな意味があるのか。これについての基本的な見解はないのではないか。この点が日本の現実の中で答えられていないだろうと思っています。誤解してもらっては困るのですが，ぼくはもともと情報検索屋で，目録データを作る人間ではありません。だから，作ったデータが具体的にどういう形で検索できていくのかということに一番関心があるわけです。そういう意味でいくと，Dublin Coreに図書館というコミュニティがどう関わっているかということを個人的な感覚で言えば，彼らが今まで作ってきた典拠とかサブジェクトヘディング，主題目録をベースにして，記述目録を変えながら，いわゆるウェブの人たちの中に入っていこうとしているわけです。だけど日本のぼくら，ライブラリーコミュニティの人たちは主題目録を捨ててきた現実の中にある。ここで記述目録をおろそかにしていったら，いったい何が残っていくのかという，この数年間に問われている本当に大きな問題があると思っています。この問題を抜きにどんなこ

とを語ろうが，これは夢なのではないかと思うわけです。この現実に対する明確な答えがなければ，どんなデータを集めようがごみ箱に米を入れているようなもので，次の世代が使えるものを作っていけないのではないか。これだけのメンバーがいらっしゃるわけですから，こういうことをぼくははっきりと言っておかなければいけないのだろうと思っています。

　そういう視点で考えたときに，図書館と言っているコミュニティはいったい何なのか。Dublin Core の話でいけば，確かに NII のデータの中にヨミはありますけれども，表記はカナです。じゃ，このデータはアメリカから検索できるのか。できないわけです。アメリカと日本は異なるコミュニティで，そのコミュニティ間で通用するデータをどう作っていくか。こういうことの論議ができないのにデータを作っても，これは利用できないわけです。そういう問題を検討する機関がないこの現実がおかしいのであって，これをどう変えていったらいいのかという問題について，国立国会図書館なり NII さんなりの見解を聞いてみたいと思っています。いかがでしょうか。

那須　図書館のレガシーと先ほど申し上げた部分について，特に書誌コントロールで言えば主題目録をないがしろにしてきたという，負のレガシーをどうするのかという問題提起をいただきましたが，これについていかがでしょうか。

入江　たとえば NDLSH（National Diet Library Subject Headings：国立国会図書館件名標目表）は今後どうするんですか。

安嶋　非常に大きな問題と受け止めています。今すぐ検討に取りかかれるかというのはわかりませんけれども，近々この問題を検討する会議を立ち上げたいと考えています。

那須　NII では，できるだけ主題情報の検索に資したいということで，LCSH（Library of Congress Subject Headings：米国議会図書館件名標目表）および NDC を使用しておられるということでしたね。国立国会図書館で使用している書架分類としての NDLC（National Diet Library Classification：国立国

会図書館分類表），また NDLSH は，これまで長く運用してきたものですから，その蓄積を一朝一夕に反古にするわけにもいきません。そこをうまく将来のものにつなげていくのか，あるいはもっと抜本的に変えるのか，そのへんを今検討しています。

杉本 私自身は現場の経験が一切ありませんので，大学の教官が現場のことを知らずに言っているという感じかもしれません。まずそれを言い訳にしておきます。

　いわゆる Dublin Core での interoperability に関する疑問を呈されたと理解して，それに対しての私自身の考えですけれども，図書館のコミュニティの中での議論と図書館の外のコミュニティに対する議論の観点の違いであろうかと思います。図書館というのは Dublin Core を作り上げてきた中では大きな部分になっています。とはいっても，大雑把に言って3分の1が図書館の人たちで，それ以外の部分は図書館の以外の人たちである。ではその間での interoperability というのを考えてみようと言ったときに出てきた概念であるとご理解いただきたいと思います。

　ではそこで，たとえば図書館での目録の作り方をエレメントの定義の中に入れようとしたら，入れようとした時点で合意がまず見られなくなる。ですからたとえば Library Application Profile，あるいはそのさらに下にぶら下がってくる実際の運用規則はそれぞれのコミュニティで決めればいいというのが基本的な考え方で，どんどん拡張するなり，それぞれのやり方でやってくださいということです。ただ，違うコミュニティ，たとえば図書館と博物館はたぶん隣同士だろうと思いますが，もっと大きく違うところ，たとえば学校などとの interoperability を考えたときには，図書館のやり方はこうだからと押しつけることは決してしてくださるなということです。ネーミングにしてもそういうところが現れていると思います。

　次にヨミのデータについてですが，多言語データを扱うというのは常に難しい問題であろうと思います。多言語のことに限らず，インターネットのうえでそれぞれの言葉をしゃべる，あるいは文化…文化というのは，たとえば図書館文化なり映像文化なりいろいろあるかと思いますが…文化ごとに違う言葉を

しゃべる人たちの間でお互いに使えるようにしようというところが課題でしょう。たとえばヨミのデータがカナであれば，必ずしも1対1ではないですけれども，単純にアルファベットに置き換えることができます。それだけでもずいぶんましになると思います。「ましになる」というとちょっとネガティブな言い方ですけれども，それでもずいぶん変わると理解しています。

　それからどうやってデータを作るのかという問題では，たとえばCORC[4]，あるいはNII，WARPとか，いろいろなところで進められている例で，新たにDublin Coreベースで決めたスキーマのもとに作っていくというケースももちろんあります。ただ，CORCの場合，Dublin Coreで作られているのはごくわずかで，MARCのほうが多いと伺っているのですが…。

鹿島　調べましたら，かなりの数，20何%の機関がDublin Coreを使っているということでした。ただ，interoperableという意味でいくと，MARCも多少は意識しつつという感じは残ります。Dublin Coreで記述していても，MARCで必須の項目がどうしても残りますので。

杉本　そういう意味で思いますに，たとえばCIMI[5]という，ずいぶん早くにDublin Coreベースに走ったミュージアム関係のプロジェクトがありますが，それはもともと作っていたリッチな目録データをDublin Coreに落として，相互利用性を図ろうとしています。ですから必ずしも最初からDublin Coreで書いていく場合ばかりとは限らないと思います。リッチなものを作れるところは作りなさい，相互利用のためにDublin Coreを使いましょうというほうが，たぶんデータ量的には多いのではないかと想像しています。これはまったく責任を持っていえることではありませんけれども。

　そういう意味で，「相互利用性」がキーワードで，それを突き詰めていくと，形式とか何とかというのをどんどん外していって，その意味だけが残るという世界なのだろうなと理解しています。

入江　コミュニティ間を超えて共通項目を出していこうとするとき，昔の人工知能論みたいな訳のわからない世界になっていくと面倒くさい。コミュニティ

ごとに論議をしたうえで全体の共通部分を出してきなさい。コミュニティで必要なところと共通のところは違っていて，先ほどリッチと言われた部分，従来作っていた項目についてはこれまでどおり作る。それをある程度落とす形で共通部分を出して，それを横断検索できるようなものを作りなさいという考え方であれば，非常によくわかると思います。それが Dublin Core から作りなさいという論議が始まっているというか，それが先に出ているので，どんどんDublin Core の定義そのものが訳がわからなくなってきて，それぞれいろいろなものが出てきてわからなくなっているという気がすごくするのですが。

杉本 そういう意味では，よく Dublin Core について書いている立場からすると，私も説明不足なところがあるかと思います。たぶんリッチなものを十分作れるケースであれば，それはリッチなものを作ればいいと思います。ただ，たとえばネット上のリソースのように，リッチなものを適用しようとしてもできない場合があります。その場合にどうやって解決するのかというと，シンプルなものにしましょうということになるのかなと思います。

　もう一つは，根が計算機屋のほうですのでこういう話になるのかと思いますけれども，メタデータを作る際に，コンテンツを作る人が直接作る，あるいはコンテンツを作っているときにすぐ横にいる人が作れるような環境作りがたぶん重要なのだろうと思います。たとえば先ほど森山さんがおっしゃっていたように，小学校で，あるいは県庁で作り，そしてそれをみんなまとめて検索するという場合です。たとえば地域の情報ということになると，ものすごくおもしろいものになってくると思うんです。その場合，小学生，あるいは PTA の人が使う場合と，県庁の人が使う場合，文化センターで使われる場合では，内容がかなり違うだろうと思います。そうした場合に，違いを超えて利用できるようにすることを，できるだけ計算機上のソフトウェアツールでもって解決できないかということを，我々はやらなければいけないかなと思っています。

　いまここにいるメンバーはたぶん図書館，あるいは文書館ということでかなり近いメンバーだと思いますけれども，Dublin Core は，たとえば MPEG[6]といったマルチメディア関係，あるいは GIS（Geographic Information Systems：地理情報システム）関係とか，いろいろなところで利用されていま

す。これから，図書館に蓄積される資料が電子出版され始めると，たぶんそこで必要とされるメタデータがぐちゃぐちゃになってくると想像できます。そこで，いろいろな分野で Dublin Core に合わせておこうよとなってきているように思います。Dublin Core は，ある意味では，ブランドとして理解されているところがあると思います。そういう，違う種類のコンテンツを扱う場合にどうしようかというときに，Dublin Core に期待するのであろうと思っています。勝手なことばかり言ってすみません。

永田 杉本先生がコミュニティを超えた話をしてくださったので，私は図書館コミュニティの話を少しいたします。確かに Dublin Core を見るときはコミュニティを渡った観点から見ないと，今入江さんがおっしゃったような見方からすると，図書館のこれまでの蓄積ではもっとリッチなデータを持っていますから，こんなものはどうでもいいという感じになると思うんです。

　二つ申し上げたいと思います。一つは，Dublin Core が提起したものをどのようにこなしていくかという問題です。interoperability が可能なように図書館の世界を周りのコミュニティと合わせていくことと，また DCMES が進展して Dublin Core の周りにいろいろな成果が出てくる，そういったものを我々はもっと取り入れていかなければいけない。私はたまたま目録委員会の仕事に携わっているのですが，ご承知のとおり，相変わらずカードベースの目録規則しかないんです。図書館というのはそういう世界です。ネットワーク情報資源の目録を作ろうとしたときに，MARC の展開でやっていたら，はっきり言って日が暮れてしまいます。わからなくてもいいから Dublin Core の粗っぽいもので入れてしまおうというような人が出てきても，ある意味では自然だったわけです。しかし今は，もう少し現実にコミュニティ内で満足がいくような取り方を作っている最中ではないでしょうか。そのような記述目録の部分も，それから主題のスキームの部分も，図書館のコミュニティが発展の速度を少し緩やかにしていたためにだいぶ課題がたまってきてしまったという感じを持っています。

　もう一つ申し上げたかったのは，Dublin Core のコミュニティはこれまでのコミュニティの形成とは違いまして，自分たちがどうするかという問題であっ

て，国立国会図書館がどうしようが，あるいはNIIがどうしようが，そんなことはかまわないわけです。国立国会図書館もNIIもone of themです。ですから標準化というような形で社会のシステムの中に埋め込んでいくことは大切ではあるけれども，そのあたりはかなり幅を持って，みんなで意見を出し合っていったほうが私はよろしいのではないかと思います。

原田 入江さんのお話の中で，図書館がいったい今どうしているんですか，これで大丈夫ですかという，図書館自体のこれからの役割についても問題提起があったと思いますけれども，それについて発言したいと思います。

　ネットワークの時代になって，図書館を素通りして情報が流通するのではないかという考え方があったし，そういう状況も一部にあると思いますが，今日の皆さんのお話を伺って，図書館の機能は情報の蓄積，そして発信であり，この二つを試行錯誤する中でやっているように私は受け止めました。蓄積する場合，組織化がなくてはうまくいかない。メタデータという新しい考え方は図書館のコミュニティを超えたものですが，図書館以外のところでは組織化がどのように行われるのか，今の文脈の中で教えていただきたいと思います。

牟田 たとえばアジア歴史資料センターでは，閣議決定が1999年で，その時点で電子化しろというのが出ましたが，研究する時間もなく，推定2,700万画像ぐらい各資料館が持っている，目録数についてはまったくわからないところから検討を始めました。検討に入ったときに，使える…要するにインターネット上で検索できるようにする方法で，使えるものはなかった。某業者は図書館の目録システムを持ってくる。それもほとんど利用できない。その結果，いろいろな方に話を聞いていく中で，Dublin Coreだったら何とかはまるのではないかということになった。

　もう一つは，ISAD(G)というICA等で提唱されているやり方があります。コンピュータを念頭に置いたのではなくて，公文書館の文書を記述する基本的なルールで，文書のもともとの秩序を壊すなという考え方。要するに図書館と公文書館の基本的な違いで，ある資料群，たとえば松本清張の所蔵していた本が送られてきたら，分類で分けて排架するのではなくて，松本清張の文庫として

一つのシリーズとして固めて，それを秩序を保ったまま残す。これが文書館の役割なのです。この ISAD(G) は電子化に向けてバージョンアップしていっている半端な状態でしたので，仕方がなく，先生方に悪いのですが，Dublin Core と ISAD(G) の一部分をくっつけた独自の規則を使うことにしました。

文書の特徴として，一番重要なのは，いつ，どこで，だれが，何のために書いたのか，どの組織で書いたのかの五つのポイントさえデータ上のどこかに書き込まれればいい。実は Dublin Core でちょっと残念だったのが，場所の確定項目がないんです。そのために，場所を確定できる言葉があったら，とにかく「内容」のところに書き込むような仕様にしていました。要するに，最終的にどうしようもなかったら「内容」に全部書き込む。何とかデータをそこに放り込んで検索させる。そういうレベルで作りました。ICA の大会など，これまでいろいろなところで説明して，少なくともフリータームを入れて検索すれば出てくる，何か引っ掛かってくるということでは一応評価を得ています。

もう一つ，英語の対応ですが，アジア歴史資料センターでは海外にデータを出せという要件があったので，英訳という問題がありました。現在 16 万タイトルを英訳したのですが，非常にしんどい仕事です。たとえば，戦時中の陸軍の兵器の使用に関する件名が出てきました。これは当時何をやっていたか陸上自衛隊の経験者でもわからない。そういうのまで英訳していくのかどうかという議論をして，とりあえず無謀にもやったのですが，一つの方法として出てきたのが，先ほど杉本先生からお話があったようにローマ字化していく。ローマ字で入力していった文と日本語と対応させる辞書を持たせて，それで検索できるようにしたらどうかということも，実験的に始めております。

ですから Dublin Core というのはいろいろ可能性を持っているのでテストしていけばいいと思いますし，何か固まっているものではないとは思います。ただ，ある程度将来的に言葉の定義とかそういうのはやっていただいたら助かるなと思います。

那須 Dublin Core に関しての，肯定的と言ったらおかしいのですが，我々図書館，あるいは公文書館のコミュニティの中でこれを育てていく，使いやすいものにしていく契機があるのではないかというご発言です。そのほかいかがで

しょうか。

牟田 （公文書の）分類・件名については一つ問題があります。通常，公文書というのは簿冊（ファイル）単位に整理されていて，内容や形態によっていろいろな分類項目に分けているのですが，それは各省庁ばらばらです。それで，シリーズとか，階層に分けて整理をしています。シリーズ（分類の体系）がどういう性格を持つのかは，文書を作成した組織によって全部変わっていきます。外務省の場合は政治門とかいろいろ分かれています。公文書館ですと，たとえば太政類典というような呼び方をしていて，その際太政類典とは何かという定義をしています。そういうふうに階層で整理しています。

　それから件名ですが，戦前の文書には必ず「何々の件」と件名が付いているのが原則です。しかし，外交資料に関してはそこがうまくいっていません。なぜかというと，簿冊単位で整理分類されたために，正式には簿冊件名しかないからです。

山崎 メタデータの作成について，今まで組織の中で作っていくという観点がかなり出ていると思いますが，果たしてこれからそれだけで済むかというのがあると思うんです。個人でどんどん電子化が行われている時代ですし，あるいはボランティア団体，それから企業ももちろんありますし，企業でも民間でもないような，たとえばNPOみたいなところに使われていて，記述方式について仮に決めたとしても，そういうところで守っていけるのかどうか。図書館という世界の中ではある程度の精度は保てると思いますが，電子的なデータを対象にしている関係上，そうもいかないだろう。ですからこの手の話というのは，本来はこの場だけで話していてはいけないと私はいつも思っていまして，本来はその地域の住民にも出していかなければいけない。そのためには最低限の規則でいいのではないかと思います。細かいところはそのコミュニティの中で考えて決めていくべきであるわけです。そう考えていかないと，実際にはもう情報発信が行われていて，かなりの部分が失われていっているわけです。これについて何とかしていかなければいけない。もちろんそれぞれの地域の中でやっていかなければいけない部分もあると思います。それはその中で決めていくべ

きことではないかなと感じます。

森山 入江さんがおっしゃる人手不足は，公共図書館でも同様です。そういう中でどうやって電子図書館を作っていくか。現実には，電子図書館といっても一部の人間しか携わっていません。あるいは助成金頼みというようなところもあります。名が知られているような電子図書館というのは助成金がほぼ絡まっています。では，ふつうの図書館がどうやって電子図書館を作っていくかということになると，日常業務の中でコンテンツを増やしていくというのはかなり困難です。こうした状況の解決を考えた結果，地域からの参加とかボランティアなり，それからホームページを作っている行政の部局の支援を得て作るというところにたどり着いたんです。その際，厳密な書誌コントロールというのはかなり困難になります。参加型の取組みと書誌コントロールは両立できないかもしれないけれども，実験的に，メタデータ登録を参加型というような仕組みで試みようとしているところです。

それから，最低限の標準化は必要だろうと思います。検索で引っ掛かる，引っ掛からないとか，相互運用性とかそういったことを考える場合，総合目録ネットワークでもそうですけれども，かなり細かい部分でデータ入力ルール等が違うために，あるはずのものが出てこないということがあったりします。そういった標準化というものは，最低限のベースでは作っていく必要があるのではないかと思います。

村上 私はDublin Coreに関しては，これまでの目録にとってかわる何かとても新しい万能なものが現れたというような過大な期待をかけすぎてもいけないけれども，現状が課題を多く含んでいるからという理由でまったく期待しないというのも間違いではないかと思っています。Dublin Coreを考えるときによく言われることですけれども，目録とのアナロジーを考えるよりも，むしろ標題紙とか奥付などとのアナロジーを考えたほうがいいのではないか。いろいろな参加コミュニティがさまざまな形で自分独自のそういったものを作りだしてくる。

これまで図書館というのは，紙のベースで考えてみても，すべてのものの目

録を取ってきたわけではありません。たとえばパンフレット，それからコミュニティ誌，写真といったものをすべてきっちり目録を取って提供してきたかといえば，必ずしもそうではないということを考えれば，メタデータに関してもコミュニティの違ったところからの提供があって，そのなかから目的範囲に応じた形で図書館が扱えるものはどこなのかというところの議論を深めていきながら，これから精査していくというところなのではないかと考えています。

鹿島 メタデータを最初に考えたとき，先ほど先生方もおっしゃっていましたように，Dublin Core が情報の発見を助ける。そのためになるべくその情報自体をシンプルに記述できるように，どのコミュニティの人でも使えるようにということだと思います。それでも手間暇かけて作るメタデータですし，その情報自体もアーカイビングしていくという動きがある中で，せっかく作ったものをちゃんと検索できるようにしてあげたいと司書としては思います。ですからその部分で，主題の部分，情報自体がどういう内容のものなのかという主題を表現することがすごく重要になると思います。

　Dublin Core でいうところの Subject をどういうふうに表現していくかというところで，先ほど DC Japan というお話がありましたけれども，日本として，日本の中で，また世界に対しても，どういうふうに表現していくかという基準作りをしていただけたらと思います。NII で Subject の部分のスキーマとしてLCSH を必須にしていくというのはある意味で画期的で，私は個人的にすごいと思って喜んでいたんです。ただ，これを全国的に使っていくためには，教育支援もそうですけれども，入力支援も非常に必要になると思います。技術的なことはよくわからないのですが，たとえば，メタデータジェネレータ[7]みたいな技術を使ってリソース自体を機械的にある程度読み込ませ，索引，インデックス，キーワードをある程度抽出して，NDC の相関索引の言葉にマッピングさせる。また NDC から，たとえば DDC（Dewey Decimal Classification：デューイ十進分類法）にマッピングさせて，そこから LCSH へというような，そういう形。考えないでもある程度のチョイスを最初に与えてもらって，そこから人間が最終的に選んで付与できるような技術的支援をしていただきたいと思います。主題の部分を日本としてはどう表現していくかということを，国

立国会図書館にリーダーシップをとっていただき，NIIや各種関連団体と連携をとって検討していただきたいと思います。

尾城 メタデータに関してはいろいろと個別の問題がたくさんあると思いますが，杉本先生もおっしゃっていたように，そもそも日本には議論の場がほとんどない。図書館というコミュニティに限定してもメタデータについてディスカッションする機会があまりに少ないという気がしています。そういう意味からも，今回の書誌調整連絡会議というのは非常に意味のある会議だと評価できると思います。ただ，これを1回限りで終わらせてしまっては意味がない。何らかの形で継続できないものかと考えています。おそらくこうした活動の中からある程度安定的な組織が出来上がっていくのではないかと感じています。

　図書館のコミュニティに限らず，日本全体のメタデータに関するイニシアティブをどこが取れるかというと，これはもうNDL（国立国会図書館）しかない。ということで，ぜひこれからのメタデータの議論をNDLがリードしていただきたい。最後はお願いということになりますが，ご検討いただければ幸いです。

那須 時間が来ましたので，ここでまとめに入らせていただこうと思います。

　オンライン情報資源の書誌コントロールに関しては，NII, 国立国会図書館，それからほかの機関等でもそうですが，ようやく緒についたというか，本格的な取組みが開始されたのではないかと思います。

　メタデータそのものについても，今回Dublin Coreを図書館コミュニティとしてどういうふうに使っていくかということについても議論がいろいろございました。書誌情報としてのメタデータといってもDublin Coreだけではなくて，まだほかにもいろいろあろうかと思います。そういう中でNIIも国立国会図書館もメタデータ規則としてDCMESに準拠したし，そのほかの機関でもDCMESに準拠した規則を使っておられるということを承りましたので，その相互利用性を考えるならば，これを発展せしめる必要があるのではないだろうかと考えます。

　国立国会図書館の基準については，実際に運用しているところからもご意見

を聞きながら，それから Dublin Core の Library Application Profile などの状況に即して，早い時期に改訂すること，それからその維持管理を考えていきたいと思います。改訂に当たって考慮すべき問題は，今日も出ていますが，簡略なのか，あるいは qualified なのかという観点。それから例の Contributor と Creator の問題がありますから，それも早めに考えなければいけない。

　それと，杉本先生からご提案がありました，Dublin Core の日本における維持管理組織の問題です。その活動をどういうふうにしていくのか。それからそのイニシアティブをどこが取っていくのか。サイトを立ち上げるなどして，教育・研修というようなことで普及活動をしていかなければいけないという課題もあるかと思います。これについては国立国会図書館も DCMES に準拠した規則を作っているわけですから，その責任の一端を担う必要はあろうかと思います。ただ，これまで，いわゆる標準化に関しては，たとえば日本図書館協会などで目録規則の維持管理がされている，一方，国立国会図書館の内部で作成したツール，先ほどあまりいい評価はいただけませんでしたが，NDLSH などは内部で維持管理しています。そういう意味で，この標準に関して国立国会図書館がどういうふうな立場で取り組むか。尾城さんからは国立国会図書館しかないというふうに言われましたが（笑），本当にそうなのかどうかという検討も含めて，早めに会議などを立ち上げる。やっていかなければいけないことはもうはっきりしているわけですから，そのへんの整理をして，そして協力しながら進めていきたいと思いました。

　作成作業についてはいろいろな経験が語られましたので，これを十分に検討していかなければいけないと思います。特に入江さんから厳しいお言葉をいただきましたけれども，図書館というコミュニティで現在ある技術をおろそかにしては，よいもの，他のコミュニティや次世代で通用するデータは作っていけないということを肝に命じる必要があると思います。いずれにしても，資料種別，媒体を問わず検索できる目録を作る必要があるわけで，国立国会図書館でも何とか実現したいと思います。NII でも GeNii で総合的な提供を心掛けておられるようですから，それも非常に期待できるものだと思います。

　こんなことを言っている間に多くの重要なウェブ情報が作成され，更新され，消滅していくというような状況になっているわけです。国立国会図書館として，

いわゆる納本制度によってこの情報資源を文化財として蓄積・提供していくという責務がありますので，これを早めに確立したいと思っています。それは著作権制限とか契約強制という法律的な問題，それからプライバシーの問題，収集対象範囲の問題などがありまして簡単にはいきませんけれども，現在調査審議をお願いしているところです。これと軌を一にして，WARP 等での結果をふまえて検討を深めていきたいと思います。

　先ほどもありましたように，個人，企業，日本中の人が情報資源を作っていくというような世の中になっていくわけですから，その中でメタデータを付与していくにはどうしたらいいのかという問題があります。これは当然情報の発信者に作成してもらうことを考えざるを得ないわけです。そういう中でエディタとかジェネレータとか作成ツールの標準的なものを考えたり，それからいまフォーマットとして RDF がありますけれども，そういったものも検討したり，いわゆるデータの生成・流通・管理・保存という意味での技術的な基盤整備もやっていかなければいけないと思います。もちろん国立国会図書館も取り組みますし，他の機関，今日お集まりいただいた方々の機関においても資源の公式提供をその責任においてやっていっていただきたいです。ウェブに関しては一極集中の集中蓄積はほとんど無理だろうと思います。そういう意味で民間のウェブ情報，政府情報，学術・地域情報というところをそれぞれの機関が責任を持って収集し，構築していく。それを全体で共有するというシステムが将来構築されればいいのではないか。NII でデータベースの共同構築事業が始まりました。これを嚆矢として，その経験を共同利用，相互利用に生かしていくことが大事なのではないだろうかと思いました。将来的には，夢のような図書館ポータルにおける電子パスファインダーができればいいかなと思います。

　今日は図書館あるいは文書館の関係者の方々が中心で，内々で話しているのはまずいのではないかと山崎さんがおっしゃったように，広がりを持たせた会にしたかったのですが，残念ながらそうはいきませんでした。音楽，映像などの業界においてもメタデータの必要性は認識しているが，その検討は十分ではない。国の機関なりが音頭をとる必要性があるという意見を聞いております。一方世界の図書館に目を向けますと，私は IFLA のグラスゴー大会に行ってきたのですが，全国書誌をどういうふうに取り扱っていくか，E-CIP (Electronic

Cataloging in Publication)[8]とどう連携するかというような問題にまで議論が及んでいます。それから TEL (The European Library)[9]，杉本先生から，今回 DC-2002 で TEL の報告があったということを伺いましたけれども，ヨーロッパの各国がオンライン情報資源の共同目録の作成を推進しているという報告も聞きました。

　日本の場合，まだ緒についたばかりとはいえ，今日お伺いする限りではそれぞれの機関での方向性は非常に頼もしい感じを受けました。そういう意味でこの現状を踏まえてその課題を認識し，相互に知恵を出し合って連携協力していけば，絶対に世界に遅れを取らないという覚悟と相互の確認ということで，今日のまとめとさせていただきたいと思います。

　部長の挨拶にもあったのですが，図書館等の分野でメタデータに関する最高レベルの有識者においでいただいたことを光栄に思っております。貴重なご意見，ご要望をいただきましたおかげで，今後国立国会図書館が書誌コントロールを進めていくうえでの課題がかなり明確になったと思います。そのあたりを早期に実現できるように，あらためて挑戦をしていきたいと思います。

　本日は本当にどうもありがとうございました。

安嶋　本日は長時間にわたり，ご報告ご意見をいただきましてありがとうございました。

　皆様からいただきましたご意見から，今図書館の置かれた状況がクローズアップされてまいりました。この状況を共有したことで，膨大な量であり変化の激しいネット上の情報資源をどうとらえていくか，メタデータをどう作るか等，共通の検討基盤ができたのではないかと確信しています。今回のテーマに「メタデータ」を取り上げました際には，当会議をスタート地点として関係者の方々と連携を図る一歩が踏み出せればと念じておりましたが，皆様方の貴重なご意見を拝聴して，その思いを一層強くしています。

　今回の成果を再確認しつつ，この辺で会議を終了させていただきます。

注
(1)UNIX系オープンソースのオペレーティングシステム。
(2)オープンソースのオブジェクトリレーショナルデータベース管理システム。
(3)最新版は次のウェブサイトを参照。

International Council on Archives. *ISAD(G): General International Standard Archival Description.* 2nd ed. 2000. <http://www.ica.org/biblio/cds/isad_g_2e.pdf> (last access 2003-03-07)

(4)米国 OCLC のメタデータの総合目録データベース共同構築事業。2003年3月末現在，CORC は WorldCat を含む OCLC の総合目録作成サービス（OCLC Connexion）に統合されている。その機能として，メタデータを作成しデータベースを構築する Resource Catalog, パスファインダー作成，データベース構築支援機能がある。

詳細は次の文献を参照。

鹿島みづき. CORC プロジェクトに参加して. 『情報の科学と技術』Vol.51, No.8, 2001.8, p.409-417.

(5)博物館を中心とした文化機関の電子情報に関するコンソーシアム。

詳細は次のウェブサイトを参照。

CIMI Consortium. <http://www.cimi.org/> (last access 2003-03-07)

(6)音楽や動画等のマルチメディア情報に関する規格で，配信や著作権保護，検索用データの記述等の方式を定めるもの。

(7)記述の対象とする情報源を分析し，メタデータを自動生成するツール。

(8)CIP（Cataloging in Publication：出版前に作成・付与する書誌データ）のデータ作成に関する作成者や出版者とのやりとり等を電子的に行うこと。

(9)欧州の国立図書館10機関によるプロジェクトで，電子図書館技術の相互運用性を検討することを目的とする。メタデータの標準化に関する検討はオランダ国立図書館の主導で行われている。詳細は次のウェブサイトを参照。

The European Library. <http://www.europeanlibrary.org/> (last access 2003-03-07)

■付録1

国立国会図書館メタデータ記述要素
平成13年3月7日　国立国会図書館

　本文書は，国立国会図書館がネットワーク系電子出版物のメタデータ（書誌データ部分）を作成する際，どのようなデータを記述するかを定めたものである。2003年3月現在，改訂の準備中である。
　以下のウェブサイトでも参照できる。

国立国会図書館．国立国会図書館メタデータ記述要素．<http://www.ndl.go.jp/jp/library/data/ndlmeta.pdf> (last access 2003-03-07)

国立国会図書館メタデータ記述要素

平成 13 年 3 月 7 日

1 要素概要

国立国会図書館メタデータ（以下「NDL メタデータ」という。）はダブリンコア*に準拠する。要素は以下のとおりである。

要素の順序は意味をもたず、以下の順序は説明のための便宜的なものである。

＊参照：http://purl.org/DC/documents/rec-dces-19990702.htm

NDL メタデータ要素	ダブリンコア
タイトル	Title
著者	Creator
主題	Subject
内容記述	Description
公開者	Publisher
寄与者	Contributor
日付	Date
資源タイプ	Type
フォーマット	Format
資源識別子	Identifier
情報源	Source
言語	Language
関係	Relation
時間的・空間的範囲	Coverage
権利関係	Rights

2 限定子 (Qualifier)

各要素の意味内容を補完するために、以下に示す限定子(Qualifier)を使用する。

限定子(Qualifier)とは、各要素の意味を詳細化・限定化したり、要素に記録されている用語・記号の内容を明示したりするものである。各要素のサブ・エレメント的なものともいえる。

限定子(Qualifier)の使用方法については、Dublin Core Metadata Initiative(ダブリンコアの開発・発展を支える組織、以下 DCMI とする)の推奨*に準拠する。

＊参照：http://purl.org/DC/documents/rec/dcmes-qualifiers-20000711.htm

NDL メタデータ要素	DCMI 推奨限定子	当館独自設定限定子
タイトル	その他のタイトル	
著者	―	個人名 団体名
主題	―	NDC 行政情報キーワード
内容記述	―	―
公開者	―	―
寄与者	―	個人名 団体名 編 訳 監修 データ作成 (その他寄与者の役割を示す語句)
日付	作成日 公開日 更新日 W3C-DTF*	
資源タイプ	DCMI タイプ用語*	NDL タイプ用語*
フォーマット	IMT*	
資源識別子	URI	保存先 URI ISBN ISSN JP (その他)
情報源	―	―
言語	ISO639-2	―

関係	異版 Is Version Of 異版 Has Version 置換 Is Replaced By 置換 Replaces 要件 Is Required By 要件 Requires 部分 Is Part Of 部分 Has Part 参照 Is Referenced By 参照 References 別フォーマット Is Format Of 別フォーマット Has Format	―
時間的・空間的範囲	―	―
権利関係	―	―

*W3C-DTF：W3Cが決める日付と時間の記述形式

　（参照：http://www.w3.org/TR/NOTE-datetime）

*DCMIタイプ用語：DCMIが推奨する資源タイプを記述するための用語

　（参照：http://purl.org/dc/documents/dcmi-type-vocabulary）

*NDLタイプ用語：資源タイプを記述するために当館が定める用語

*IMT：インターネットメディアタイプ

　（参照：http://www.isi.edu/in-notes/iana/assignments/media-types/media-types）

3 NDLメタデータ要素詳細

○各要素について複数記録する場合は、特に明記してある場合を除いて、要素を繰り返す。
○下表の「例」は、単に要素がどのように使われるかを示すものであり、実際の記述方法及び表示形式等とは異なる。

1．要素名：タイトル

ダブリンコア要素名	Title
定義	情報資源に与えられた名前
限定子	その他のタイトル
備考	・タイトル関連情報（サブタイトル）については限定子を用いず、区切り記号を使って本タイトルに続ける。 ・その他のタイトルには、並列タイトル等を含む。 ・シリーズタイトルは、「その他のタイトル」ではなく、必要に応じて要素「関係」もしくは、管理情報で記述しても良い。
例	国立国会図書館ホームページ
	そらまめ君 ： 大気汚染物質広域監視システム

2．要素名：著者

ダブリンコア要素名	Creator
定義	情報資源の知的内容の作成に主たる責任を持つ実体
限定子	個人名 団体名
備考	・いわゆる「著者」（役割表示が「著」となるもの）に相当する。著者が存在しない場合の編者はここに含む。 ・著者が存在する場合の編者、翻訳者、監修者等は、要素「寄与者」に記録する。 ・「著」、「編」等の役割表示は付けない。
例	［団体名］大蔵省
	［個人名］樋口 一葉
	［個人名］Shakespeare, William.

3．要素名：主題

ダブリンコア要素名	Subject
定義	情報資源の内容のトピック
限定子	NDC 行政情報キーワード
備考	・NDC及びフリーキーワードを付与する。 ・フリーキーワードは辞書管理を可能とする。 ・行政情報に関しては、ダイレクトリ用のキーワードを別途用意する。また、このキーワードについては限定子を用いる。 ・キーワードを複数記録する場合は要素の繰り返しではなく、区切り記号を使用する。 ・逐次刊行物（及びその構成レベル）にもNDCを付与する。 ・別途定める資料以外は、時間的・空間的主題についても、要素「時間的・空間的範囲」ではなく、ここに記録する。
例	[NDC] 016.11 メタデータ ; ダブリンコア ; サブジェクト・ゲートウェイ ; 電子図書館 ; インターネット

4．要素名：内容記述

ダブリンコア要素名	Description
定義	情報資源の内容に関する説明記述
限定子	－
備考	・目次、内容細目、抄録、要約等を含む。
例	国立国会図書館のホームページ、事業内容、プロジェクト、刊行物のお知らせ、利用案内、OPAC検索機能など 行政・司法各部門の支部図書館と専門図書館の連絡誌

5．要素名：公開者

ダブリンコア要素名	Publisher
定義	情報資源を利用可能にしたことに責任を持つ実体
限定子	－
備考	－
例	京都大学附属図書館

6．要素名：寄与者

ダブリンコア要素名	Contributor
定義	情報資源の内容に知的に重要な寄与をした実体
限定子	個人名 団体名 寄与者の役割を示す語句：編；訳；監修；データ作成
備考	・編者、監修者、翻訳者、イラストレーター、データ作成者等を含む。 ・寄与者の役割を示す限定子は、必要に応じて追加する。
例	［団体名］［編］電気学会 ［個人名］［データ作成］万波 通彦

7．要素名：日付

ダブリンコア要素名	Date
定義	情報資源が作成された、あるいは有効になった日付
限定子	作成日 公開日 更新日 W3C-DTF
備考	・情報資源が更新された場合の日付も含む。 ・形式は W3C-DTF (YYYY-MM-DD)に基づく ・年月日が不明の場合は、年で推定する。
例	［作成日］［W3C-DTF］2000-07-17 ［公開日］2000?

8．要素名：資源タイプ

ダブリンコア要素名	Type
定義	情報資源の内容の性質、種類
限定子	DCMI タイプ用語 NDL タイプ用語
備考	・定型的に記述することとし、用語については辞書管理を可能とする。 ・用語は DCMI 推奨のほかに、当館独自に定めるものも使用する。
例	［DCMI タイプ用語］image ［NDL タイプ用語］白書・年次報告書

9．要素名：フォーマット

ダブリンコア要素名	Format
定義	物理的もしくはディジタル形式での表現形式
限定子	IMT
備考	・ファイルの拡張子に相当するもの、およびシステム要件（ハードウエア、ソフトウエア、OS 等の種類・ヴァージョン）を記録する。 ・ファイルの拡張子に相当するものの用語は、IMT に基づく。 ・IMT の用語については辞書管理を可能とする。
例	Netscape Navigator 4.0 以上 ［IMT］text/html

10．要素名：資源識別子

ダブリンコア要素名	Identifier
定義	情報資源を一意に識別するための文字列もしくは番号
限定子	URI 保存先 URI ISBN ISSN JP （その他）
備考	・URI は、Source URI（収集先の URI）とは別に、Preservation URI（当館サーバに保存された場所）も記録する。
例	［URI］http://www.ndl.go.jp ［ISBN］4-00-000647-9

11．要素名：情報源

ダブリンコア要素名	Source
定義	当該情報資源を作り出す元になった別の情報資源に関する情報
限定子	－
備考	・メディア変換した変換元のデータの情報。 ・紙と電子媒体の両方で刊行されるもの、あるいは紙媒体で刊行が終了したものについての紙媒体についての情報。
例	文学界 12 号 明治 26 年 12 月 30 日

12．要素名：言語

ダブリンコア要素名	Language
定義	情報資源の知的内容の言語
限定子	ISO639-2
備考	・ISO639-2 による言語コードを使用する。
例	［ISO639-2］jpn

13．要素名：関係

ダブリンコア要素名	Relation
定義	関連する情報資源への参照
限定子	異版 Is Version Of 異版 Has Version 置換 Is Replaced By 置換 Replaces 要件 Is Required By 要件 Requires 部分 Is Part Of 部分 Has Part 参照 Is Referenced By 参照 References 別フォーマット Is Format Of 別フォーマット Has Format
備考	・階層関係、異版、変遷等、関係する資料へのリンク情報を示す。 ・一次情報への直接的なリンクはここにいれる。
例	［部分 Is Part Of］ 　　　　http://www.miti.go.jp/report-j/g-menu-j.html ［要件 Requires］http://www.jstage.jst.go.jp/ja/

14．要素名：時間的・空間的範囲

ダブリンコア要素名	Coverage
定義	情報資源の知的内容に関する空間的（地理的）、時間的特性
限定子	－
備考	・当面使用しない。 ・別途特に定める資料についてのみ記録する。 ・記録する場合は、簡便なタームを使用し、辞書管理を可能とする。
例	－

15．要素名：権利管理

ダブリンコア要素名	Rights
定義	権利関係に関する情報、あるいはその情報へのリンク
限定子	－
備考	・情報資源に示されている著作権表示等、あるいは著作権等の情報へのリンクを含む。
例	Copyright 文部省

■付録2

NIIメタデータ・データベース入力マニュアル
1．2版（抜粋）
2003．2　国立情報学研究所

「第2部　収録対象と採録の基準～機関内のリソース」及び「第4部　記述要素」を掲載する。
マニュアルは以下のウェブサイトで参照できる。

国立情報学研究所．NII メタデータ・データベース入力マニュアル 1.2 版．2003.2, <http://www.nii.ac.jp/metadata/manual/> (last access 2003-03-07)

なお，最新版のマニュアルを含め NII のメタデータ・データベースに関する情報は，以下のウェブサイトで参照できる。

国立情報学研究所．メタデータ・データベース共同構築事業．< http://www.nii.ac.jp/metadata/> (last access 2003-03-07)

第2部　収録対象と採録の基準～機関内のリソース

1．収録対象
　機関内で発信するものとしては，次に示すようなリソースを収録対象とする。また，併せてメタデータの作成単位や採録にあたっての注意点を※印で示す。

1．1　研究成果
（1）**論文**
　※下記など，全文が閲覧できる論文を収録対象とする。タイトル，著者名等を備えた，論文として独立したリソースであること。
　　① 逐次刊行物（電子ジャーナル，紀要類）に掲載された論文
　　② 学位論文
　　③ テクニカルレポート
　　④ 科学研究費補助金研究成果報告
　　⑤ プレプリント
（2）**論文以外の研究成果**
　※下記など，研究活動の成果物・派生物はすべて収録対象とする。
　　① 一般向けの研究概説・解説
　　② 医療情報
　　③ 資料解題
　　④ 電子教材

1．2　研究成果リスト
（3）**逐次刊行物（電子ジャーナル，紀要類）**
　※ 逐次刊行物単位でメタデータを作成する。
　※ 個々の論文にタイトル・著者名等があり，論文として独立し全文が利用できる場合は（1）により，論文単位でメタデータを作成する。
（4）**論文リスト**
　※ 特定主題に基づき集められた論文リストを収録対象とする。
　※ 個々の論文にタイトル・著者名等があり，論文として独立し全文が利用できる場合は（1）により，論文単位でメタデータを作成する。
（5）**プロジェクト関連情報**（研究・実験プロジェクトの概要，進捗情報，プロジェクトに関連する発表論文の情報等を提供しているページ）
　※ 原則としては，プロジェクト関係情報のトップページを単位としてメタデータを作成する。

（６） **学術的なシンポジウム，講演会，研究会，公開講座等の内容記録・予稿集**
※ 学術的なシンポジウム，講演会，研究会，公開講座等を網羅的にリストしたページも収録対象とすることができる。
※ 案内情報でも発表論文や予稿の全文，映像が見られるなど，報告・記録の役割を果たしている場合は採録することができる。

1．3 研究資源
（７） **実験データ，統計データ，フィールドワーク報告**
※ データの採取，処理方法，情報源など，内容説明がなされていれば採録することができる。
（８） **ソフトウェア**
※ 学術研究活動に用いられうるソフトウェアで，作成者が明確で，内容・使用方法・頒布条件（無料／有料など）などの説明があるものを収録対象とする。
※ソフトウェアのファイル本体をリソースとするのではなく，ソフトウェアのファイル本体へのリンクがあるソフトウェアの紹介ページをリソースとしてメタデータを作成する。
（９） **電子的な辞書，データセット**

1．4 研究者・研究機関情報
（１０） **研究者個人のページ**
※ 複数のリソースがある場合，それぞれを収録してよいが，内容（例えば現在の研究テーマの紹介，論文・発表情報など）のより豊かなリソースを優先する。
※ 個々の論文にタイトル・著者名等があり，論文として独立し全文が利用できる場合は（１）により，論文単位でメタデータを作成する。
（１１） **研究室トップページ（研究概要，構成員，業績一覧などを体系的に含むもの）**
※ 複数のリソースがある場合，それぞれを収録してよいが，内容（研究概要，構成員，業績一覧など）のより豊かなリソースを優先する。
※ 次のような内容のものは採録しない。
・研究内容の記述が少なく，研究室・実験設備の写真が多いもの
・学生募集のための PR が主眼で，卒業生の就職先やゼミの予定，集合写真などがメインのもの
・研究室及び教官の研究内容への言及が希薄なもの
・研究紹介として図表やグラフがあるが，それがどのようなことを表しているかの内容説明のないもの

※ 研究内容一覧等で，研究室のページの下位に属するものは，独立してメタデータを作成しない。

（12） **研究者情報リスト（教官一覧，研究者プロフィール，著作・論文リスト），研究者情報データベース**
※ 個々の研究者に関する情報が簡潔にまとめられた網羅的な研究者情報リスト・データベースは，その単位でメタデータを作成する。

1．5　教育情報
（13） **講義情報リスト（シラバス，講義内容要約，議事録）**
※ 個々の講義情報単位でなく，リスト単位でメタデータを作成とする。
（14） **電子教材リスト**
※ 原則として，個々の電子教材単位ではなく，リスト単位でメタデータを作成する。
※ 個々の電子教材にタイトル・著者名等があり，電子教材として独立し利用できる場合は（2）により，電子教材単位でメタデータを作成する。

1．6　図書館情報
（15） **図書館・室トップページ**
※利用案内・コレクションの説明等が無く，写真だけのものなどは採録しない。
（16） **図書館資料・コレクション等の案内・紹介・リスト**

1．7　デジタルミュージアム
（17） **デジタルミュージアム・電子展示**
※原則として個々の展示物単位ではなく，トップページ単位でメタデータを作成する。

1．8　参考情報
（18） **データベース（画像，文献等）**
※ 一般的な図書館 OPAC は収録対象としない。
※ 図書館内の特定コレクションに関するデータベースは，収録対象とする。
（19） **文献目録・文献索引**
※ 特定主題についての網羅的な文献目録・文献索引を収録対象とする。
（20） **リンク集・電子ジャーナル集**
※ 特定主題についての網羅的リンク集，電子ジャーナルの網羅的リンク集を収録対象とする。
※ 主題上の特徴のない一般的なリンク集は，収録対象としない。

※ 限定された利用を想定したものについては採録しない（「本学からアクセスできる電子ジャーナルのリスト」など）。
（２１）　　**メーリングリスト**
※ 広く公開され，目的，運用指針，利用方法，アーカイブ等が提供されているページは，収録対象とする。

１．９　広報資料
（２２）　　**機関のトップページ**
（２３）　　**下部組織（学部相当）のトップページ**
（２４）　　**機関広報資料**
要覧，広報誌，ニューズレター，機関史，自己点検評価報告書等。

２．収録対象としない情報資源

２．１　機関外・学外から利用できないもの
　上記１に示した「収録対象とする情報資源」に該当するものであっても，機関外・学外から利用できないものは，収録対象としない。

２．２　短期的・限定的な情報，軽微な情報
　短期的な情報，機関内にのみ有用な事務的情報については，収録対象としない。また，機関トップページ等のメタデータにより，その情報へのアクセスが十分保証されるなど，軽微な情報は，収録対象としない。
　（１）　新着情報
　（２）　学内事務連絡
　（３）　学生案内（入学案内，教務掲示板，学事日程）
　（４）　科目表・科目内容説明・時間割
　（５）　交通アクセス，案内地図
　（６）　サイトマップ
　（７）　学部の構成ページ（学部内構成図と構成員（教官・職員），内線番号）
　（８）　アクセス統計
　（９）　単なるリンク集へのリンク集
　（１０）写真集（研究室メンバー，セミナー，会議の場での）
　（１１）学生等個人のページ
３．採録の基準

採録にあたっての注意点を示す。
以下の観点から，総合的に見て，おおむねこれらを満たすリソースを採録の対象とする。なお，判断が困難な場合も，原則として採録の対象とする。(◎は重要なポイント)

3．1　内容
◎リソースの内容を的確に表現するタイトルが付与されているか。あるいは的確なタイトルを補記できる程度に内容的なまとまりがあるか。
◎リソースの趣旨・概要を読み取ることができ，それに沿った内容（質と量）を備えているか。
○引用を含む場合，情報源が正確に引用されているか。
○リソースのステイタス（構築中，サンプルデータのみ提供，等）がわかるようになっているか。

3．2　信頼性
◎作成者（個人，団体）について明示されているか。
◎リソースへのアクセスが安定しているか。
○二次的リソースの場合，元となったリソースが明示されているか。

3．3　鮮度
◎リソースに含まれるリンクに，デッドリンクの割合が著しく高くないか。
○（更新不要なアーカイブ，研究論文等は別として）適宜，的確な更新がされているか。維持・メンテナンスが放棄され，放置されてはいないか。

3．4　その他
○リソースの利用にあたり追加的な閲覧ソフトウエアが必要な場合，その入手先等の説明があるか。

第4部　記述要素

1. 基本方針

NIIメタデータ・データベースにおいて作成されるメタデータは，Dublin Core Metadata Initiative (DCMI) の定める記述要素 (Elements) に準拠した標準的なデータ形式を基本とし，必要に応じてNII独自の限定子を採用するなど拡張したものである。

2. 記述要素の概要

以下の15要素を記述対象とする。
「当面使用しない」要素については，別途指示が無い限り，記述しない。

No.	要素	入力レベル	備考
1	Title（タイトル）	必須及び選択	
2	Creator（作成者）	あれば必須	
3	Subject（主題）	必須及び選択	
4	Description（内容記述）	選択	
5	Publisher（公開者）	選択	
6	Contributor（寄与者）	選択	
7	Date（日付）	あれば必須	
8	Type（資源タイプ）	必須	
9	Format（フォーマット）		システムが自動付与
10	Identifier（資源識別子）	必須及び選択	Scheme=URLはシステムが自動付与
11	Source（情報源）	－	当面使用しない
12	Language（言語）	必須	
13	Relation（関係）	選択	
14	Coverage（範囲）	－	当面使用しない
15	Rights（権利関係）	－	当面使用しない

次の項目は，メタデータの記述要素ではないが，記述を必須とする。

1	Institution（機関名）	あれば必須	

次の項目は，メタデータの記述要素ではないが，記述することが可能である。

1	Comment（コメント）	選択	

3. 限定子

　メタデータ・データベースにおいては，「限定子(qualifier)」を用いて当該データの性質やコード化方式についての情報を記述する。「限定子」には，各要素を詳細化する「修飾子(element refinement)」と各要素のコード化形式を指定する「スキーム(encoding scheme)」とがある。これらを用いて当該データの性質やコード化方式についての情報を記述する。メタデータ・データベースで用いる修飾子，スキームの種類は次のとおりである。

【メタデータ・データベースで用いる修飾子】

要素	種類	説明
Title, Creator, Publisher, Contributor	Alternative	リソースの正式なタイトルや作成者等の代わりもしくは代替として利用されるタイトルや作成者等
	Transcription	原則として，日本語のヨミ
Date	Created	リソースの作成日
	Modified	リソースの更新日
Relation	Is Version Of	当該リソースに対して，参照先のリソースを主たる版とみなすことができる
	Has Version	当該リソースが参照先のリソースを別なる版として持つ
	Is Replaced By	当該リソースが参照先のリソースによって置き換わる
	Replaces	当該リソースが参照先のリソースを新しく置き換える
	Is Required By	参照先のリソースを利用するにあたり，当該リソースを必要とする
	Requires	当該リソースを利用するにあたり，参照先のリソースを必要とする
	Is Part Of	当該リソースが参照先のリソースの部分をなす
	Has Part	当該リソースが参照先のリソースを部分として持つ
	Is Referenced By	当該リソースが参照先のリソースから関連付けられる
	References	当該リソースが参照先のリソースを関連付けている
	Is Format Of	当該リソースが参照先のリソースと内容的に同じであるが，Format は異なる
	Has Format	当該リソースが内容的には同じだが Format の異なる参照先のリソースを持つ

【メタデータ・データベースで用いるスキーム】

要素	種類	説明
Creator, Publisher, Contributor	NC	著者名典拠ファイル（総合目録データベース）の統一標目形
Subject	LCSH	米国議会図書館件名標目表
	NDC	日本十進分類法
	NDLC	国立国会図書館分類表
	BSH	日本件名標目表
	NDLSH	国立国会図書館件名標目表
	MeSH	医学件名標目表
	DDC	デューイ十進分類法
	LCC	米国議会図書館分類表
	UDC	国際十進分類法
Date	ISO8601(W3C-DTF)	ISOで規定する書式 YYYY-MM-DD YYYY-MM YYYY ※Yは西暦年，Mは月，Dは日付を表す
Type	NII	独自に定めるTypeリスト（別項参照）
	DCMI	DCMIで推奨されるTypeリスト
Format	IMT	Internet Media Typeで規定されるファイル形式
Identifier, Relation	URL	URL
Identifier	ISSN	国際標準逐次刊行物番号
	ISBN	国際標準図書番号
	DOI	デジタルオブジェクト識別子
Language	ISO 639-2	ISOで規定する書式（3文字のコード）

4．記述時の留意点

4.1　ヨミの記録 (Title, Creator, Publisher, Contributor)

　Title, Creator, Publisher, Contributor（いずれも「修飾子なし」）が日本語の場合、「修飾子=Transcription」を用い、「修飾子なし」のデータに対応するヨミを記録する。ヨミの記録は『日本目録規則 87 年版改訂版第Ⅱ部「標目」付則 1 「片かな表記法」』及び『日本図書館研究会「目録編成規則」第 2 章「ワカチガキ」』に準じる。なお、日本語以外の部分はヨミを与えなくてよい。

例）
NACSIS·CAT/ILL ニュースレター　→　NACSIS·CAT/ILL　ニュース　レター

马克思主义と文化政策について　→　马克思主义　ト　ブンカ　セイサク　ニ　ツイテ

4.2　人名・団体名の記録 (Creator, Publisher, Contributor)

（人名）
　「姓, △名」の形での記録する。
　基本的に日本名は漢字＋カナを原則とし、ヨミを「セイ, △メイ」の形で記録する。
　リソース上の表記がカナやローマ字であっても、日本名であれば、漢字形を調べて記録し、ローマ字表記は「修飾子=Alternative」として記録する。どうしても漢字形がわからない場合は情報源上の形（カナやローマ字）を転記する。

（団体名）
　職員録や組織図等の公的資料に基づき記録する。
　なお、組織名は、機関名称から組織形態を追って書き下すことを原則とする。末尾をたとえば○○研究室とするか○○ラボとするか、あるいは○○分野で止めるかは、基本的に情報源に従う。流布した通称があれば「修飾子=Alternative」として追加する。

例）
×　文字情報研究室
○　国立情報学大学開発・事業学部コンテンツ専攻文字情報研究室

（複数の人名・団体名の記録）
　例えばあるリソースに「内容の作成に責任を持つ個人または団体」(Creator)が複数存在する場合（共著の場合）、個人・団体の数だけ「修飾子なし」及び対応する「修飾子=Transcription」を繰返して記録する。Publisher, Contributor についても同様とする。

（著者名典拠リンク）
可能であればNACSIS·CAT の著者名典拠レコードに対しリンクする。

4.3　主題（Subject）

利用者向け検索システムでは，LCSH 及び NDC（1000 区分レベル）を軸とした検索インタフェースを予定している（平成 15 年 1 月予定）。従って，両者ともに必須入力とする。ただし，LCSH については，現在準備中の入力支援機能の実現まで推奨にとどめる。

（主題分析）
　対象リソースの扱う分野に基づき主題を与える。
　例えば，研究者リストは<u>「人名録」として扱うのでなく</u>，リスト上の研究者らの<u>研究分野を主題ととらえる</u>。

（スキーム=LCSH）
　統制語彙として用いる。

（スキーム=NDC）
　検索範囲限定のために用いる。
　原則として，データ作成時における最新版を用いることとする。今後，改訂があった場合は，本研究所側で一括して変更する場合がある。なお，書架分類として用いるわけではないので，積極的に繰り返し，アクセスポイントを充実されたい。

（LCSH と NDC 以外のスキーム）
　LCSH と NDC 以外のスキームは，すべてフリーキーワード扱いで用いる。
　論文自体が持つ（著者による）キーワードは，フリーキーワード（修飾子なし）として入力してよい。

4.4　目録上の注記

目録上の注記は Comment に入力する。Description に記録してはならない。

4.5　その他

WWW ブラウザの標準的な状態で閲覧できない場合，Relation（修飾子=Requires）を記録する。

5. 記述要素の詳細

15 要素の記述方法の詳細について次ページ以降に示す。
なお，各項目の「記述文法」は以下の凡例に従う。

【凡例】
, ：要素内項目が，「，（コンマ）」前後の順序通りに出現する。
()：丸かっこ内の項目を組み合わせて記述する。
　　指定なし： 1 回記述
　　＊ ：0 回以上記述
　　＋ ：1 回以上記述
　　？ ：0 か 1 回記述
　　+?：あれば，1 回以上記述
. ：要素名と限定子の連結。限定子のスキームが規定されている場合は，修飾子の有無にかかわらず，要素名の末尾に.を記述する。
{|}：選択を示す。
[]：補足を示す。

【例】
(1) (title, title.Transcription), title.Alternative*
　-> title とそれに対応する title.Transcription は組み合わせて記述
　　され，それらに対応する title.Alternative が 0 回以上記述される。

(2) type.NII+, type.DCMI*
　-> type.NII は，1 回以上記述し，type.DCMI は 0 回以上記述される。

1. Title（タイトル）

		説明
要素名		Title
定義		リソースに与えられた名前
限定子	修飾子	－（修飾子なし） Transcription(注 1) Alternative (注 2)
	スキーム	－（スキームなし）
入力レベル		・修飾子なし　　　　　　必須　　繰返し不可 ・修飾子=Transcription　必須（日本語の場合のみ記述対象） 　　　　　　　　　　　　繰返し不可 ・修飾子=Alternative　　 選択　　繰返し可

1.1 記述の情報源
リソース全体とする。リソース上から適切なデータが得られない場合，他の情報源等を参考に，データ作成者が記述することができる。リソースから得られる情報では完全に記述出来ない場合には，データ作成者の判断により適宜補完してよい。

1.2 記述の原則
リソースを表すタイトル等を記録する。
「修飾子なし」には，リソースを代表するタイトルにあたるものを記録する。
「Transcription」には「修飾子なし」の Title に対応するヨミを記録し，「Alternative」には，「修飾子なし」や「Transcription」として記録しないタイトル等を記録する。

1.3 記述文法
[Title（修飾子なし）が日本語を含む場合]
(title, title.Transcription), title.Alternative*

[Title（修飾子なし）が日本語を含まない場合]
(title , title.Alternative*)

【データ例】
Title:Z39.50 を用いた情報検索システムについて
Title.Transcription:Z39.50 △オ△モチイタ△ジョウホウ△ケンサク△システム△ニ△ツイテ
Title.Alternative:Information retrieval system based on Z39.50

1.4 注
(注 1) ヨミをカタカナの分かち書きにより記述する。Title が日本語を含む場合のみ記述対象とする。
(注 2)他のタイトル，他の言語によるタイトル，その他のタイトルのヨミ等はここに記述する。

2. Creator（作成者）

		説明
要素名		Creator
定義		リソースの内容の作成に責任を持つ個人または団体
限定子	修飾子	－（修飾子なし） Transcription(注1) Alternative(注2)
	スキーム	－（スキームなし） NC(注3)
入力レベル		・修飾子なし　　　　　　　あれば必須　　繰返し可 ・修飾子=Transcription　あれば必須（日本語の場合のみ記述） 　　　　　　　　　　　　　　　　　　　　　　　　繰返し可 ・修飾子=Alternative　　　選択　繰返し可

2.1 記述の情報源
　リソース全体とする。リソース上から適切なデータが得られない場合，他の情報源等を参考に，データ作成者が記述することができる。リソースから得られる情報では完全に記述出来ない場合には，データ作成者の判断により適宜補完してよい。

2.2 記述の原則
　リソース（ソフトウェアの紹介ページをリソースとする場合に限ってはソフトウェアそのもの）の作成に責任を持つ個人または団体等を記録する。
　「修飾子なし」には，NC（著者名典拠ファイル）に記録された統一標目形，なければ情報源に表示されている形を記録する。個人名であれば，「姓，△名」と記録する。
　「Transcription」には「修飾子なし」の Creator に対応するヨミを記録し，「Alternative」には，「限定子なし」や「Transcription」として記録しない異形や異形のヨミを記録する。
　可能な範囲で NC（著者名典拠ファイル）のデータにリンクすること。

2.3 記述文法
[Creator（修飾子なし）が日本名の場合]

(creator,　　creator.Transcription)+?,　　creator.Alternative*

[Creator（修飾子なし）が日本名以外の場合]

creator+?,　　creator.Alternative*

【データ例】

Creator.NC:情報，次郎 Creator.Transcription.NC:ジョウホウ，ジロウ

Publisher.NC:国立情報学大学国際学部
Publisher.Transcription.NC:コクリツ△ジョウホウ△ダイガク△コクサイ△ガクブ
Contributor.NC:学術情報システム株式会社
Contributor.Transcription:ガクジュツ△ジョウホウ△システム△カブシキ△ガイシャ

2.4 注
（注1）ヨミをカタカナの分かち書きにより記述する。Creator が日本名の場合のみ記述する。Scheme=NC の場合は，統一標目形のヨミを割当てる（システムが付与する）。
（注2）Creator（修飾子なし）として記述した作成者の異形や異形のヨミ等はここに記述する。
（注3）NII 著者名典拠ファイル（総合目録データベース）の統一標目形。

3. Subject（主題）

		説明
要素名		Subject
定義		リソースの内容の持つ主題
限定子	修飾子	－（修飾子なし）
限定子	スキーム	LCSH（米国議会図書館件名標目表）（注1） NDC（日本十進分類法）（注2） －（スキームなし） NDLC（国立国会図書館分類表） BSH（日本件名標目表） NDLSH（国立国会図書館件名標目表） MeSH（医学件名標目表） DDC（デューイ十進分類法） LCC（米国議会図書館分類表） UDC（国際十進分類法）
入力レベル		・スキーム=LCSH　　　　　必須　繰返し可 ・スキーム=NDC　　　　　必須　繰返し可 ・スキームなし，及び上記以外のスキーム 　　　　　　　　　　　　選択　繰返し可

3.1 記述の情報源
データ作成者がリソースの内容を判断し，記述する。

3.2 記述の原則
リソースの内容の持つ主題を記録する。
スキーム=LCSH 及び NDC は必ず1つ以上づつデータを記録すること。

3.3 記述文法
subject.LCSH+　　　，　subject.NDC+　　　，　　　subject*　　，
subject.{NDLC|BSH|NDLSH|MeSH|DDC|LCC|UDC}*

【データ例】
Subject.LCSH:System-Information retrieval-Z39.50
Subject.NDC:007
Subject.NDC:548

3.4 注
(注1)必須項目であるが，入力支援機能を実装するまでの間は，必須としない。
(注2)要目表(3桁)までは必ず記録する。

4.Description (内容記述)

		説明
要素名		Description
定義		リソースの内容に関する説明
限定子	修飾子	－ (修飾子なし)
	スキーム	－ (スキームなし)
入力レベル		選択　繰返し可

4.1　記述の情報源
　　必要に応じて，リソース上，あるいは，データ作成者の判断で記述する。
　　リソースで主として日本語が用いられている場合は，日本語による記述を行う。繰り返して英語等他の言語により記述することができる。
　　リソースで日本語以外が用いられている場合は，可能であれば主として用いられている言語による記述を行い，繰り返して，日本語及びその他の言語により記述することができる。

4.2　記述の原則
　　リソースの内容に関する説明 (内容細目，内容を端的に示す解説，要約等) を記録するものとし，形式は自由とする。

4.3　記述文法
[リソースで主として日本語が用いられている場合]
| description[日本語] |*, | description[任意の言語] |*
[リソースで主として日本語以外の言語が用いられている場合]
(| description(リソースの言語) | | description(日本語) | | description(任意の言語) |)*

【データ例】
　　Description:情報探索プロトコル Z39.50(Ver.3)を用いた日本語書誌情報検索システムの開発経緯，
　　　　先行事例，システム仕様を紹介する。Bib-1 で規定される Use 属性値の日本語への
　　　　適用，レコード構文 MARC21 へのマッピング方法の試案を示した。
　　　　　※　リソースは日本語

5.Publisher（公開者）

		説明
要素名		Publisher
定義		リソースを利用可能にしたことに責任を持つ個人または団体
限定子	修飾子	－（修飾子なし） Transcription(注 1) Alternative（注 2）
	スキーム	－（スキームなし） NC（注 3）
入力レベル		・修飾子なし　　　　　　選択　　繰返し可 ・修飾子=Transcription　選択（日本語の場合のみ記述） 　　　　　　　　　　　　繰返し可 ・修飾子=Alternative　　選択　　繰返し可

5.1 記述の情報源
　リソース全体とする。リソース上から適切なデータが得られない場合，他の情報源等を参考に，データ作成者が記述することができる。リソースから得られる情報では完全に記述出来ない場合には，データ作成者の判断により適宜補完してよい。

5.2 記述の原則
　リソースを利用可能にしたことに責任を持つ個人または団体等を記録する。ソフトウェアの紹介ページをリソースとする場合に限ってはソフトウェアそのものの公開者を記録するが，不明の場合は，ソフトウェアの紹介ページの公開者を記録できる。
　「修飾子なし」には，NC（著者名典拠ファイル）に記録された統一標目形，なければ情報源に表示されている形を記録する。個人名であれば，「姓，△名」と記録する。
　「Transcription」には「修飾子なし」の Publisher に対応するヨミを記録し，「Alternative」には，「限定子なし」や「Transcription」として記録しない異形や異形のヨミを記録する。
　可能な範囲で NC（著者名典拠ファイル）のデータにリンクすること。

5.3 記述文法
[Publisher（修飾子なし）が日本名の場合]

(publisher ,　 publisher.Transcription)*,　 publisher.Alternative *

[Publisher（修飾子なし）が日本名以外の場合]

 publisher *,　 publisher.Alternative *

【データ例】
　Creator.NC:情報，次郎
　Creator.Transcription.NC:ジョウホウ，ジロウ

　Publisher.NC:国立情報学大学国際学部
　Publisher.Transcription.NC:コクリツ△ジョウホウ△ダイガク△コクサイ△ガクブ

　Contributor.NC:学術情報システム株式会社
　Contributor.Transcription:ガクジュツ△ジョウホウ△システム△カブシキ△ガイシャ

5.4 注
（注 1）　ヨミをカタカナの分かち書きにより記述する。Publisher が日本名の場合のみ記述する。
　　　　Scheme=NC の場合は，統一標目形のヨミを割当てる（システムが付与する）。
（注 2）　Publisher（修飾子なし）として記述した公開者の異形や異形のヨミ等はここに記述する。
（注 3）　NII 著者名典拠ファイル（総合目録データベース）の統一標目形。

－ 117 －

6. Contributor（寄与者）

		説明
要素名		Contributor
定義		リソースの内容への寄与に責任を持つ個人または団体
限定子	修飾子	－（修飾子なし） Transcription（注1） Alternative（注2）
	スキーム	－（スキームなし） NC（注3）
入力レベル		・修飾子なし　　　　　　選択　　繰返し可 ・修飾子=Transcription　選択（日本語の場合のみ記述） 　　　　　　　　　　　　繰返し可 ・修飾子=Alternative　　選択　　繰返し可

6.1 記述の情報源
リソース全体とする。リソース上から適切なデータが得られない場合、他の情報源等を参考に、データ作成者が記述することができる。リソースから得られる情報では完全に記述出来ない場合には、データ作成者の判断により適宜補完してよい。

6.2 記述の原則
リソース（ソフトウェアの紹介ページをリソースとする場合に限ってはソフトウェアそのもの）の内容に関与していながら、Creator に記述した個人・団体等以外で、リソースの内容への直接的な責任性の薄い個人・団体等があれば、ここに記述する。例えば、監修、編、協力等に類する役割で表示される個人・団体のうち、内容への直接的な責任性の薄いものは、Contributor として記録するのが妥当である。また、ソフトウェアのそのものの作成者とソフトウェアの紹介ページの作成者が異なる場合、ソフトウェアの紹介ページの作成者はここに記録することができる。。
「修飾子なし」には、NC（著者名典拠ファイル）に記録された統一標目形、なければ情報源に表示されている形を記録する。個人名であれば、「姓，△名」と記録する。
「Transcription」には「修飾子なし」の Contributor に対応するヨミを記録し、「Alternative」には、「限定子なし」や「Transcription」として記録しない異形や異形のヨミを記録する。
可能な範囲で NC（著者名典拠ファイル）のデータにリンクすること。

6.3 記述文法
[Contributor（修飾子なし）が日本名の場合]
(contributor，　contributor.Transcription)*，　contributor.Alternative*
[Contributor（修飾子なし）が日本名以外の場合]
contributor*，　contributor.Alternative*

【データ例】
Creator.NC:情報，次郎
Creator.Transcription.NC:ジョウホウ，ジロウ

Publisher.NC:国立情報学大学工学部
Publisher.Transcription.NC:コクリツ△ジョウホウ△ダイガク△コクサイ△ガクブ

Contributor.NC:学術情報システム株式会社
Contributor.Transcription:ガクジュツ△ジョウホウ△システム△カブシキ△ガイシャ

6.4 注
（注1）ヨミをカタカナの分かち書きにより記述する。Contributor が日本名の場合のみ記述する。Scheme=NC の場合は、統一標目形のヨミを割当てる（システムが付与する）。
（注2）　Contributor（修飾子なし）として記述した公開者の異形や異形のヨミ等はここに記述する。
（注3）　NII 著者名典拠ファイル（総合目録データベース）の統一標目形。

7. Date（日付）

		説明
	要素名	Date
	定義	リソースの作成・更新に関する日付
限定子	修飾子	－（修飾子なし）
		Created(注 1)
		Modified(注 2)
	スキーム	ISO8601(W3C-DTF)(注 3)
入力レベル		あれば必須　同一修飾子の繰返し不可

7.1 記述の情報源
リソース全体とする（Last Update の表示等）。

7.2 記述の原則
リソースの作成日，リソースの更新日（最終更新日）を記述する。但し，日付が明示されていても，それが作成日か更新日か不明な場合，修飾子なしで当該日付を記録する。
更新が頻繁（例えば毎日）に行われる場合は記述を省略することができる。

7.3 記述文法
date..ISO8601?，date.Created.ISO8601?，date.Modified.ISO8601?

【データ例】
Date..ISO8601: 2001-10-29
Date.Created.ISO8601: 2001-08
Date.Modified.ISO8601: 2002-05-29

7.4 注
(注 1)リソースの作成日を記述する。
(注 2)リソースの更新日（最終更新日）を記述する。但し，頻繁に更新が行われる場合等は省略することができる。
(注 3)西暦年4桁，月2桁，日2桁をハイフンで結んで表現する。
- → YYYY-MM-DD 　（年月日を記録する場合）
- → YYYY-MM 　　（年月を記録する場合）
- → YYYY 　　　　（年を記録する場合）
　※　Y：西暦の数字，M:月の数字，D:日の数字

8. Type（資源タイプ）

		説明
要素名		Type
定義		リソース内容の性質及び種類
限定子	修飾子	－（修飾子なし）
	スキーム	NII(注1) DCMI(注2)
入力レベル		スキーム=NII　　必須　繰返し可 上記以外　　　　選択　繰返し可

8.1 記述の情報源
データ作成者がリソースの内容から判断し，記述する。

8.2 記述の原則
リソース内容の性質及び種類を，所定のスキームに従って記述する。
必須であるスキーム=NIIは，「第2部　収録対象と採録の基準」で示される区分に準拠している。

8.3 記述文法
type.NII+,　type.DCMI*

【データ例】
Type.NII: 研究成果-論文
Type.DCMI: text

8.4 注
（注1）　NIIが独自に定めたリストであり，「第3部　メタデータ収録対象」で示される区分に準拠している。以下の項目を値として持つ。

```
研究成果-論文              -電子的辞書等        デジタルミュージアム
    -論文以外            研究者情報-個人のページ   参考情報  -データベース
研究成果リスト                -研究室トップページ            -文献目録・文献索引
    -逐次刊行物           -研究者情報リスト            -リンク集・
    -論文リスト           -研究者情報データベース            電子ジャーナル集
    -プロジェクト関連情報   教育情報  -講義情報リスト         -メーリングリト
    -講演会等             -電子教材リスト       広報資料  -機関トップページ
研究資源-データ        図書館情報 -図書館・室トップページ         -下部組織トップページ
    -ソフトウェア         -図書館資料                  -機関広報資料
```

（注2）　DCMIにより規定された以下の項目を値として持つ。
(http://dublincore.org/documents/2000/07/11/dcmi-type-vocabulary/ 参照)

collection	image	software
dataset	interactive	sound
event	service	text

9. Format（フォーマット）

		説明
要素名		Format
定義		リソースの物理形式またはディジタル化形式
限定子	修飾子	－（修飾子なし）
	スキーム	IMT(注1)
入力レベル		システムが自動付与する

9.1 記述の情報源
システムがリソース上から自動的にデータを取得する。

9.2 記述の原則
システムが自動的にデータを記述する。

9.3 記述文法
format..IMT:*

【データ例】
Format.IMT:application/pdf
Format.IMT:text/html

9.4 注
(注1) IMT＝Internet Media Type

10. Identifier（資源識別子）

		説明
要素名		Identifier
定義		リソースを一意に識別する文字列または番号
限定子	修飾子	－（修飾子なし）
	スキーム	URL(注1) ISSN ISBN DOI(注2)
入力レベル		スキーム=URL　システムによる自動付与（必須　繰返し不可） 他のスキーム　選択　繰返し可

10.1 記述の情報源
リソース全体。リソース上から適切なデータが得られない場合、他の情報源等を参考に、データ作成者が記述することができる。

10.2 記述の原則
リソースを一意に識別する文字列または番号を記録する。通常、自動付与により、リソースのURLが記述される。

10.3 記述文法
Identifier..URL, 　Identifier..{ISSN|ISBN|DOI}*

【データ例】
Identifier.URL:http://www.nii.ac.jp/CAT-ILL/z3950/z3950article.html

10.4 注
(注1)　システムにより自動取得、自動付与される。
(注2)　DOI=Digital Object Identifier (デジタルオブジェクト識別子)

11. Source （情報源）

		説明
要素名		Source
定義		当該リソースの元となるリソースへの参照
限定子	修飾子	
	スキーム	
入力レベル		当面使用しない

12. Language （言語）

		説明
要素名		Language
定義		言語
限定子	修飾子	－（修飾子なし）
	スキーム	ISO639-2(注 1)
入力レベル		必須　繰返し可

12.1　記述の情報源
リソース全体

12.2　記述の原則
リソースで用いられている言語を記述する。複数の言語が用いられたリソースであれば，用いられている種類の言語を繰返して記述する。言語が不明の場合や言語が用いられていないリソースは，und と記録する。

12.3　記述文法
language..ISO639-2+

【データ例】
Language.ISO639-2:eng
Language.ISO639-2:jpn

12.4　注
(注 1) 規定される 3 文字の言語コードを記述する。

13. Relation （関係）

		説明
要素名		Relation
定義		当該リソースに関連する他のリソースへの参照
限定子	修飾子	DCMI に規定される以下の 12 の修飾子(注 1) Is Version Of　　異版である Has Version　　異版あり Is Replaced By　置換される Replaces　　　　置換する Is Required By　要件とされる Requires　　　　要件とする Is Part Of　　　部分である Has Part　　　　部分を持つ Is Referenced By 参照される References　　　参照する Is Format Of　　別フォーマットである Has Format　　　別フォーマットあり
	スキーム	URL
入力レベル		選択　繰返し可

13.1　記述の情報源
リソース全体。リソース上から適切なデータが得られない場合，他の情報源等を参考に，データ作成者が記述することができる。

13.2　記述の原則
当該リソースに関連する他のリソースの URL を DCMI に従って記述する。

13.3　記述文法

relation.{Is Version Of | Has Version | Is Replaced By | Replaces | Is Required By | Requires | Is Part Of | Has Part | Is Referenced By | References | Is Format Of | Has Format}.URL*

【データ例】
Relation.Is Referenced By.URL: http://www.mext.go.jp/a_menu/shougai/elnet/
Relation.Is Part Of.URL: http://www.nii.ac.jp/CAT-ILL/PUB/nl2/No7/index.htm

13.4　注
修飾子の説明

修飾子	説明
Is Version Of 異版である	当該リソースに対して，参照先のリソースを主たる版とみなすことができる <例> →当該リソース　　English Version のページ →参照先リソース　（本版と見なせる）日本語ページ
Has Version 異版あり	当該リソースが参照先のリソースを別なる版として持つ <例> →当該リソース　　（本版とみなせる）の日本語ページ →参照先リソース　　English Version のページ
Is Replaced By 置換される	当該リソースが参照先のリソースによって置き換わる <例> →当該リソース　　更新前のページ →参照先リソース　　更新後のページ

修飾子	説明
Replace 置換する	当該リソースが参照先のリソースを新しく置き換える <例> ➔当該リソース　更新後のページ ➔参照先リソース　更新前のページ
Is Required By 要件とされる	参照先のリソースを利用するにあたり，当該リソースを必要とする <例> ➔当該リソース ➔参照先リソース
Requires 要件とする	当該リソースを利用するにあたり，参照先のリソースを必要とする <例> ➔当該リソース　PDFファイル ➔参照先リソース　Adobe Acrobat Reader のダウンロードページ
Is Part Of 部分である	当該リソースが参照先のリソースの部分をなす <例> ➔当該リソース　雑誌に掲載された論文・記事 ➔参照先リソース　掲載誌の当該号目次ページ，あるいは，雑誌全体のページ等
Has Part 部分を持つ	当該リソースが参照先のリソースを部分として持つ <例> ➔当該リソース　雑誌のある号の目次情報 ➔参照先リソース　当該号の収録各論文・記事
Is Referenced By 参照される	当該リソースが参照先のリソースから関連付けられる <例> ➔当該リソース　論文・記事 ➔参照先リソース　当該論文・記事を引用している別の論文・記事
References 参照する	当該リソースが参照先のリソースを関連付けている <例> ➔当該リソース　論文・記事 ➔参照先リソース　当該論文・記事で引用している別の論文・記事
Is Format Of 別フォーマットである	当該リソースが参照先のリソースと内容的に同じであるが，Formatは異なる。 <例> ➔当該リソース　PDF形式で提供される論文・記事 ➔参照先リソース　当該リソースと内容は同じだが，html で提供される論文・記事
Has Format 別フォーマットあり	当該リソースが内容的には同じだが Format の異なる参照先のリソースを持つ。 <例> ➔当該リソース　html で提供される論文・記事 ➔参照先リソース　当該リソースと内容は同じだが，PDF形式で提供される論文・記事

14. Coverage（範囲）

		説明
要素名		Coverage
定義		範囲
限定子	修飾子	
	スキーム	
入力レベル		当面使用しない

15. Rights（権利関係）

		説明
要素名		Rights
定義		範囲
限定子	修飾子	
	スキーム	
入力レベル		当面使用しない

次の項目は，メタデータの記述要素ではないが，記述を必須とする．

1. Institution(機関名)

		説明
要素名		Institution
定義		機関名
限定子	修飾子	
	スキーム	
入力レベル		あれば必須　繰返し不可

1.1　記述の情報源
リソース全体．リソース上から適切なデータが得られない場合，他の情報源等を参考に，データ作成者が記述することができる．

1.2　記述の原則
リソースを公開している機関（Publisher）を大学，研究機関名等のレベルで日本語で記述する．該当する機関名が複数ある場合,代表的な１つの機関名を選択する．

リソースを公開している機関と，作成者（Creator）の所属機関とが異なる場合は，次のように取り扱う
- 原則としてリソースを公開している機関名を記述する
- リソースを公開している機関が，大学・研究機関等以外（学協会，出版社，民間プロバイダ等）の場合は，作成者の所属機関名を記述する．

次の場合は,特定の機関名を記述せず，「該当なし」を選択する（注参照）．
- 入力支援機能（注参照）に，該当する機関名が登録されていない場合

（注）当要素は，入力支援機能により，入力者が適当な機関名を選択することで記述される．このため，入力者が直接機関名を記述することはない．該当する機関名が無い場合は，「該当なし」を選択する．（第5部-10参照）．

1.3　記述文法

> institution

【データ例】
Institution:国立情報学研究所
　（Creator の所属機関，Publisher，ともに，国立情報学研究所の場合）
Institution:京都大学
　（Creator の所属機関が東京大学，Publisher が京都大学の場合）
Institution:東京大学
　（Creator の所属機関が東京大学，Publisher が民間プロバイダの場合）
Institution:該当なし
　（該当する機関名が入力支援機能に登録されていない場合）

次の項目は，メタデータの記述要素ではないが，記述することが可能である。

1. Comment（備考）

		説明
要素名		Comment
定義		（備考欄）
限定子	修飾子	
	スキーム	
入力レベル		選択　繰返し可

1.1　記述の情報源
リソース全体

1.2　記述の原則
必要に応じ，記述の情報源についての注記など，当該メタデータに関する備考事項を記録することができる。記録の有無は自由とする。

1.3　記述文法

comment*

【データ例】
Comment:Creator のヨミは平成 14 年度職員録に基づく。
Comment:平成 14 年 8 月現在，アクセス不能。○○専攻事務室に問い合わせ中。

> 視覚障害その他の理由でこの本を活字のままでは読むことができない人の利用に供するために、この本をもとに録音図書（音声訳）、拡大写本又は電子図書（パソコンなどを利用して読む図書）の作成を希望される方は、国立国会図書館まで御連絡ください。
>
> 連絡先　国立国会図書館総務部総務課
> 　　　　住所　〒100-8924　東京都千代田区永田町1-10-1
> 　　　　電話番号　03-3506-3306

第3回書誌調整連絡会議記録集

ネットワーク系電子出版物の書誌調整に向けて
－メタデータの現況と課題－

定価：本体1,200円（税別）

2003年5月30日発行　　初版第1刷発行Ⓒ

編集　　国立国会図書館
発行　　社団法人　日本図書館協会
　　　　〒104-0033
　　　　東京都中央区新川1-11-14
　　　　Tel 03-3523-0812
印刷　　中央印刷株式会社

JLA200315

ISBN4-8204-0308-7 C3300 ¥1200E